DELF
프랑스어
어휘연구

DELF 프랑스어 어휘연구

발 행	2020년 02월 05일
저 자	김진수
발행인	이재명
발행처	삼지사
등록번호	제406-2011-000021호
주 소	경기도 파주시 산남로 47-10
Tel	031)948-4502, 948-4564
Fax	031)948-4508

ISBN 978-89-7358-483-3 13760

책값은 뒤표지에 있습니다.

이 책의 내용을 전재 및 무단 복제할 경우 법적인 제재를 받게 됩니다.
잘못된 책은 구입하신 서점에서 교환해 드립니다.

DELF 프랑스어 어휘연구

SAMJI BOOKS

머리말

이 책 『DELF 프랑스어 어휘연구』는 프랑스어 인증시험 DELF(Diplôme d'Etudes en Langue Française)와 고급인증시험 DALF(Diplôme Approfondi en Langue Française)를 준비하는 사람들이 기본적인 역량을 가다듬는 책으로 준비하게 되었습니다.

그동안 『프랑스어 어휘연구』, 『프랑스어 숙어연구』, 『프랑스어 필수 어휘사전』 그리고 『DELF 프랑스어 문법연구』 등을 펴내면서 많은 학습자들의 의견을 청취해 왔습니다. 여전히 프랑스어 어휘, 즉 단어는 어려운 학습 대상이라고들 합니다.

최근의 한 설문조사 결과를 보아도 프랑스어 학습 영역 가운데 제일 흥미 있는 영역은 프랑스 문화관련 학습이고 다음으로 프랑스어 회화, 작문, 독해, 표현연습으로 나타나고 있습니다. 문법 학습과 더불어 어휘 학습은 가장 어렵고 지루하다고 답하고 있습니다.

학습 방법도 고답적이고, 외워야 할 양이 너무 많고, 어휘와 의미 간의 연결고리를 찾기도 어렵다고 합니다. 그래서 여러 방향으로 접근을 시도해보았습니다.

이 책 『DELF 프랑스어 어휘연구』는 크게 세 개의 파트로 구성되어 있습니다. 제일 먼저 제1부에서 기본 어휘를 테마 별로 살펴보게 됩니다. 그리고 제2부에서는 어휘 관련 문제를 여러 가지로 다뤄보면서 실력을 끌어올리게 됩니다. 그리고 마지막 제3부에서는 난이도가 높은 단어들을 만나보고 그 의미를 파악하고 예문을 통해 다시 용례를 분명히 하게 됩니다.

읽기, 쓰기, 말하기, 듣기로 구성되어 있는 프랑스어 인증시험을 대비해 공부하는 사람들에게는 프랑스어 단어와 표현을 확인하고 익히는 과정이 즐거움으로 이어지기 바랍니다. 아울러 프랑스어를 사랑하는 모든 사람에게 도움이 되는 자료가 되었으면 합니다.

2014년 1월

김진수

차 례

PARTIE 01

01	국가와 언어	10
02	가족	14
03	인간관계	17
04	시간	23
05	날씨	29
06	자연환경	33
07	식물	38
08	동물	41
09	신체	44
10	외모와 관련 표현	49
11	의복과 유행	54
12	집과 주거 공간	59
13	일상생활	64
14	학교	68
15	직업	73
16	테크놀로지	77
17	커뮤니케이션	81
18	성격과 개성	88
19	금융기관	91
20	비즈니스	97
21	요리와 레스토랑	102
22	레저와 스포츠	107

PARTIE 02

- 01 필수어휘 1 ········· 114
- 02 필수어휘 2 ········· 128
- 03 기본어휘 1 ········· 142
- 04 기본어휘 2 ········· 156
- 05 단어와 표현 1 ······· 170
- 06 단어와 표현 2 ······· 184

PARTIE 03

- 01 시사어휘 1 ········· 200
- 02 시사어휘 2 ········· 210
- 03 고급어휘 ·········· 220

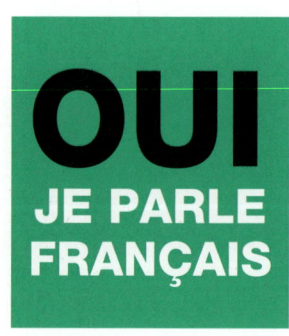

PARTIE 01

01	국가와 언어 •10		12	집과 주거 공간 •59
02	가족 •14		13	일상생활 •64
03	인간관계 •17		14	학교 •68
04	시간 •23		15	직업 •73
05	날씨 •29		16	테크놀로지 •77
06	자연환경 •33		17	커뮤니케이션 •81
07	식물 •38		18	성격과 개성 •88
08	동물 •41		19	금융기관 •91
09	신체 •44		20	비즈니스 •97
10	외모와 관련 표현 •49		21	요리와 레스토랑 •102
11	의복과 유행 •54		22	레저와 스포츠 •107

01 국가와 언어

Test 1

Ajoutez « le », « la », « les », ou rien, selon le cas.

① _____ Grèce ② _____ Danemark
③ _____ Sénégal ④ _____ Maroc
⑤ _____ Allemagne ⑥ _____ Etats-Unis
⑦ _____ Madagascar

> **정답** 경우에 따라 정관사 le, la, les 또는 공란으로 채우시오.
>
> ① la Grèce 그리스 ② le Danemark 덴마크 ③ le Sénégal 세네갈 ④ le Maroc 모로코
> ⑤ l'Allemagne 독일 ⑥ les Etats-Unis 미국 ⑦ le Madagascar 마다가스카르 (île et État de l'océan Indien à l'est de l'Afrique)

Test 2

Complétez par « au », « aux » ou « en », selon le cas.

① _____ Brésil ② _____ Europe
③ _____ Grèce ④ _____ Pays-Bas
⑤ _____ Bénin ⑥ _____ Argentine
⑦ _____ Pologne

> **정답** 경우에 따라 au, aux, en으로 완성시키시오.
>
> ① au Brésil 브라질에서 ② en Europe 유럽에서 ③ en Grèce 그리스에서
> ④ aux Pays-Bas 네덜란드에서 ⑤ au Bénin 베냉에서 (État de l'Afrique occidentale)
> ⑥ en Argentine 아르헨티나에서 ⑦ en Pologne 폴란드에서

Test 3

Trouvez le nom du pays qui correspond à ces nationalités.

① polonais _____   ② américain _____

③ turc _____   ④ néerlandais _____

⑤ britannique _____   ⑥ ivoirien _____

⑦ grec _____   ⑧ allemand _____

⑨ belge _____   ⑩ hongrois _____

> 정답 다음 국적에 해당하는 국가 이름을 찾아보시오.
> ① La Pologne 폴란드 ② Les États-Unis 미국 ③ La Turquie 터키 ④ Les Pays-Bas 네덜란드(이때는 복수형!) ⑤ La Grande-Bretagne 영국 ⑥ La Côte d'Ivoire 코트디부아르 ⑦ La Grèce 그리스 ⑧ L'Allemagne 독일 ⑨ La Belgique 벨기에 ⑩ La Hongrie 헝가리 (유음의 H)

Test 4

Vrai ou faux?   Vrai   Faux

① Les Brésiliens parlent espagnol.   ☐   ☐

② Les Irlandais parlent anglais.   ☐   ☐

③ Les Autrichiens parlent allemand.   ☐   ☐

④ Les Finlandais parlent danois.   ☐   ☐

> 정답 참(V)인가 거짓(F)인가?
> ① 브라질 사람들은 스페인어를 말한다. F (포르투갈어를 말한다) ② 아일랜드인들은 영어를 말한다. V
> ③ 오스트리아인들은 독일어를 말한다. V ④ 핀란드인들은 덴마크어를 말한다. F (핀란드어를 말한다.)

Test 5

Associez.

① Toulouse   a. C'est une ville.

② Le Finistère

③ Grenoble   b. C'est un département.

④ La Bretagne

⑤ La Bourgogne c. C'est une région

⑥ Les Pyrénées-Orientales

⑦ Bordeaux

⑧ La Dordogne

> 정답 서로 연결시키시오.
> a. - ① ③ ⑦ (도시)   b. - ② ⑥ ⑧ (도道, 프랑스는 본토에 96개의 도, 해외도 5개가 있다)
> c. - ④ ⑤ (지방)

Test 6

Complétez.

① Les Irlandais _____ anglais.

② Jan est _____ tchèque, _____ allemand.

③ Elle parle parfaitement deux langues, elle est _____.

④ Sa _____ maternelle est le russe.

> 정답 다음을 완성시키시오.
> ① parlent 아일랜드인들은 영어를 말한다.   ② moitié, moitié 얀은 절반은 체코인, 절반은 독일인이다.
> ③ bilingue 그녀는 완전하게 두 언어를 말한다. 그녀는 이중언어 사용자다.
> ④ langue 그(그녀)의 모국어는 러시아어이다.

Test 7

Choisissez la bonne réponse.

① Ils sont réfugiés / immigrés politiques.

② Elle n'est pas française, elle est provinciale / étrangère.

③ Il est originaire / d'origine de Slovénie.

④ Ils ont été nationalisés / naturalisés français.

> 정답 바른 답을 골라보시오.
> ① réfugiés 그들은 정치적 난민이다.   ② étrangère 그녀는 프랑스인이 아니다, 외국인이다.
> ③ originaire 그는 슬로베니아 출신이다.   ④ naturalisés 그들은 프랑스로 귀화했다.

Test 8

Associez une question et une réponse.

① Quelle est votre nationalité?   a. Oui, il est suédois.

② Vous êtes d'où?   b. Non, à Paris.

③ Vous êtes originaire d'où?   c. Coréenne.

④ Vous avez la double nationalité?   d. De Colombie.

⑤ Il a la nationalité française, maintenant?   e. Oui, américaine et irlandaise.

⑥ Vous êtes né en province?   f. Je suis originaire du Cambodge.

⑦ Il est scandinave?   g. Oui, il est naturalisé.

> **정답** 질문과 대답을 연결시켜보시오.
> ① c ② d ③ f ④ e ⑤ g ⑥ b ⑦ a
> ① 당신의 국적은? 한국입니다.
> ② 어디에서 오십니까? 콜롬비아에서 옵니다.
> ③ 어디 출신인가요? 캄보디아 출신입니다.
> ④ 이중국적자인가요? 네, 미국과 아일랜드 국적입니다.
> ⑤ 그는 지금 프랑스국적인가요? 네, 그는 귀화했습니다.
> ⑥ 당신은 지방에서 태어났나요? 아니오, 빠리에서 태어났습니다.
> ⑦ 그는 스칸디나비아인인가요? 네, 그는 스웨덴인입니다.

Test 9

Complétez par l'adjectif correspondant.

① Il est originaire du Proche-Orient, il est _____.

② Elle vient de province, elle est _____.

③ Il est originaire d'Afrique du Nord, il est _____.

④ Elle a un père blanc et une mère noire, elle est _____.

⑤ Ils ont obtenu l'asile politique, ils sont _____.

> **정답** 알맞은 형용사로 완성시키시오.
> ① proche-oriental 그는 중동(中東)출신으로 그는 중동사람이다.
> ② provinciale 그녀는 지방출신으로 지방사람이다.
> ③ nord-africain/maghrébin 그는 북아프리카 출신으로 북아프리카/마그렙(알제리, 모로코, 튀니지) 사람이다.
> ④ métisse 그녀의 아버지는 백인, 어머니는 흑인이다. 그녀는 혼혈이다.
> ⑤ réfugiés 그들은 정치적 망명을 허가받았다, 그들은 난민이다.

02 가족

Test 1

Trouvez la forme féminine des termes suivants.

① Le mari _____.

② Le frère _____.

③ Le grand-père _____.

④ Le gendre _____.

⑤ Le beau-frère _____.

> **정답** 다음 용어의 여성형을 찾아보시오.
> ① la femme 아내 ② la sœur 누이 ③ la grand-mère 할머니(grande-mère가 아닌데 주의)
> ④ la belle-fille 며느리 ⑤ la belle-sœur 시누이, 올케, 형수, 제수

Test 2

Complétez

① Cécile est la fille du frère de Paul.

　Cécile est la _____ de Paul. Paul est l' _____ de Cécile.

② Maxime est le fils du fils de Charles.

　Maxime est le _____ de Charles. Charles est le _____ de Maxime.

③ Irène est la femme du frère de Félix.

　Irène est la _____ de Félix. Félix est le _____ d'Irène.

④ Jeannine est la mère du mari de Patricia.

　Jeannine est la _____ de Patricia. Patricia est la _____ de Jeannine.

> 정답 **다음 문장을 완성시키시오.**
> ① **nièce** 세실은 뽈의 조카이다. **oncle** 뽈은 세실의 삼촌이다.
> ② **petit-fils** 막심은 샤를르의 손자다. **grand-père** 샤를르는 막심의 할아버지다.
> ③ **belle-soeur** 이렌은 펠릭스의 형수/제수다. **beau-frère** 펠릭스는 이렌의 시아주버니/시동생이다.
> ④ **belle-mère** 자닌은 빠트리샤의 시어머니다. **belle-fille** 빠트리샤는 자닌의 며느리다.

Test 3

Vrai ou faux? Vrai Faux

① Matthieu a 8 ans, c'est un enfant. ☐ ☐
② Hélène a 5 ans, c'est un bébé. ☐ ☐
③ Violette a 14 ans, c'est une adolescente. ☐ ☐
④ Edmond a 85 ans, c'est une personne âgée. ☐ ☐
⑤ Julien a 8 mois, c'est un nouveau-né. ☐ ☐

> 정답 **다음은 참(V)인가 거짓(F)인가?**
> ① **V** 마띠유는 여덟 살, 어린이다. ② **F** 엘렌은 다섯 살, 아기다. ③ **V** 비올렛뜨는 열네 살, 청소년이다.
> ④ **V** 에드몽은 84세, 노인이다. ⑤ **F** 쥴리앙은 8개월, 신생아이다.

Test 4

Complétez

① Marie et Georges ont adopté Nicolas, ce sont les parents _____ de Nicolas.
② Bertrand et Solange ont un seul enfant, Alex. Alex est _____.
③ Benjamin et Valentin sont nés le même jour. Ils sont frères _____.
④ Michel est plus âgé que son frère Pierre. Michel est le frère _____ de Pierre.

> 정답 **다음을 완성시켜보시오.**
> ① **adoptifs** 마리와 조르쥬는 니꼴라를 입양했다. 그들은 입양한 부모다.
> ② **enfant/ fils unique** 베르트랑과 솔랑쥬는 유일한 자식 알렉스를 갖고 있다. 알렉스는 외아들이다.
> ③ **jumeaux** 벵자멩과 발랑땡은 같은 날 태어났다. 그들은 쌍둥이다.
> ④ **aîné** 미셸은 그의 형제 삐에르 보다 나이가 많다. 미셸이 삐에르의 형이다.

Test 5

Associez, pour constituer une phrase complète.

① Il fête
② Elle a eu
③ Mon fils
④ René est
⑤ Ce sont des sœurs

⑥ Il a 3 ans, ce n'est plus

a. a grandi de 3 centimètres.
b. jumelles.
c. un bébé.
d. 30 ans, la semaine dernière.
e. son quinzième anniversaire samedi.

f. un parent éloigné.

> **정답** 완전한 문장이 되도록 문장을 연결하시오.
> ① e 그는 토요일 자신의 15세 생일을 맞는다. ② d 그는 지난주에 30세 생일을 맞았다.
> ③ a 내 아들은 3센티 자랐다. ④ f 르네는 먼 친척이다.
> ⑤ b 그녀들은 쌍둥이 자매다. ⑥ c 그는 세 살이고 더 이상 아기가 아니다

03 관계

Test 1

Choisissez l'explication correcte.

① Michel et Claire s'aiment.   a. Ils sont de grands amis.
　　　　　　　　　　　　　　　b. Ils sont amoureux.

② Anne et Christian partent en voyage de noces.
　　　　　　　　　　　　　　　a. Ils vont se marier.
　　　　　　　　　　　　　　　b. Ils viennent de se marier.

③ Marc et Suzanne décident de faire un mariage civil.
　　　　　　　　　　　　　　　a. Ils vont se marier à la mairie.
　　　　　　　　　　　　　　　b. Ils vont se marier à la mairie et à l'église.

④ Marius est célibataire.   a. Il n'est pas marié.
　　　　　　　　　　　　　　b. Il n'est pas amoureux.

⑤ Antoine est témoin au mariage d'Agnès.
　　　　　　　　　　　　　　　a. Antoine va se marier avec Agnès.
　　　　　　　　　　　　　　　b. Antoine est présent au mariage d'Agnès.

⑥ Luc rencontre Flo.   a. Luc est marié avec Flo.
　　　　　　　　　　　　b. Luc fait la connaissance de Flo.

정답 맞는 설명을 고르시오.
① b 그들은 서로 사랑한다.　② b 그들은 방금 결혼했다.　③ a 그들은 시청에서 결혼식을 하게 된다.
④ a 마리우스는 독신이다.　⑤ b 앙뚜완은 아녜스 결혼의 증인이 된다.　⑥ b 뤽은 플로를 알게 된다.

Test 2

Associez, pour constituer une phrase complète.

① Elle envoie   a. amoureux.
② Ils vont vivre   b. en mariage.
③ Elle va se marier   c. bien.
④ Il demande Éléonore   d. des faire-part de mariage.
⑤ Il est tombé   e. ensemble.
⑥ Ils partent   f. à l'église.
⑦ Ils s'entendent   g. en voyage de noces.

> **정답** 완전한 문장이 되도록 연결하시오.
> ① d 그녀는 청첩장을 보낸다.   ② e 그들은 함께 살 것이다.   ③ f 그녀는 교회에서 결혼하게 된다.
> ④ b 그는 엘레오노르에게 청혼한다.   ⑤ a 그는 사랑에 빠졌다.   ⑥ g 그들은 신혼여행을 떠난다.
> ⑦ c 그들은 사이가 좋다.

Test 3

Complétez par un verbe approprié.

① Pierre _____ seul.
② Pierre _____ la connaissance de Delphine.
③ Pierre _____ amoureux de Delphine.
④ Pierre et Delphine décident de _____ ensemble.

> **정답** 알맞은 동사로 완성시키시오.
> ① vit 삐에르는 혼자 산다   ② fait 삐에르는 델핀을 알게 된다   ③ tombe 삐에르는 델핀과 사랑에 빠진다
> ④ vivre 그들은 같이 살기로 한다

Test 4

Vrai ou faux?   **Vrai**   **Faux**

① Il a demandé le divorce. = Il a divorcé.   ☐   ☐
② Elle va se remarier. = Elle a déjà été mariée.   ☐   ☐
③ François est l'ex-mari de Valérie. = Ils ont divorcé   ☐   ☐
④ Viviane a quitté Sébastien.   ☐   ☐
   = Viviane et Sébastien sont séparés.

> **정답 참인가 거짓인가**
> ① F 그는 이혼을 요청했다. ② V 그녀는 곧 재혼한다. ③ V 프랑스와는 발레리의 전남편이다.
> ④ V 비비안은 세바스티앙을 떠났다.

Test 5

Répondez par le contraire.

① Marina et Raphaël s'adorent?

   —Non, au contraire, ils _____.

② Blaise et Flo vont se marier?

   —Mais non, ils vont _____.

③ Agathe et Damien s'entendent bien?

   — Non, ils _____.

④ Mathilde est la femme de Guillaume?

   — Non, c'est son _____.

> **정답 반대로 답해보시오.**
> ① se détestent 그들은 서로 싫어한다. ② divorcer 그들은 곧 이혼한다.
> ③ se disputent tout le temps 그들은 늘 다툰다. ④ ex-femme 그의 전처이다.

Test 6

Associez une question et une réponse.

① Vous êtes marié?   a. Parce que nous nous disputions.

② Qui a la garde des enfants?   b. Non, j'ai rencontré quelqu'un.

③ Pourquoi avez-vous divorcé?   c. Oui, marié.

④ Vous vivez seul?   d. Ma femme.

> **정답** 질문과 대답을 연결하시오.
> ① c 네, 기혼자입니다.　② d 아내가 애들을 봅니다.　③ a 다투어서 헤어졌습니다.　④ b 누군가를 만났습니다.

Test 7

Trouvez le nom correspondant aux verbes suivants.

① aimer _____

② s'entendre _____

③ se marier _____

④ se rencontrer _____

⑤ se séparer _____

⑥ se réconcilier _____

> **정답** 다음 동사에 해당하는 명사를 찾아보시오.
> ① l'amour 사랑　② l'entente 이해　③ le mariage 결혼　④ la rencontre 만남　⑤ la séparation 결별
> ⑥ la réconciliation 화해

Test 8

Choisissez la bonne réponse.

① Elle a beaucoup de chagrin / larmes.

② Il a éclaté de joie / rire.

③ J'ai eu les larmes / le rire aux yeux.

④ Ce n'était pas sérieux, c'était pour pleurer / rire.

> 정답 맞는 답을 골라보시오.
> ① chagrin 그녀는 많은 고통을 갖고 있다. ② rire 그는 웃음을 터뜨렸다.
> ③ les larmes 나는 눈에 눈물이 났다. ④ rire 웃자고 한 것이지 진지한 것이 아니다.

Test 9

Comment appelle-t-on?

① Un femme qui a perdu son mari? _____

② un enfant qui a perdu ses parents? _____

③ l'endroit où se trouvent les tombes? _____

> 정답 다음에 해당되는 말은 무엇인가?
> ① une veuve 미망인 ② un(e) orphelin(e) 고아 ③ le cimetière 공동묘지

Test 10

Associez les contraires.

① Il éclate de rire.　　　　　　　　a. Il est triste.

② Il éprouve de la joie.　　　　　　b. Il pleure à chaudes larmes.

③ Il est gai.　　　　　　　　　　　c. Il fond en larmes.

④ I éprouve des sentiments forts.　　d. Il a du chagrin.

⑤ Il rit aux éclats.　　　　　　　　c. Il est indifférent.

> 정답 반대말을 연결시키시오.
> ① c 그는 웃음을 터뜨린다. 울음을 터뜨린다. ② d 그는 기쁨을 맛본다. 고통을 갖고 있다.
> ③ a 그는 즐겁다. 슬프다. ④ e 그는 강한 감정을 느낀다. 무관심하다.
> ⑤ b 그는 웃음을 터뜨린다. 뜨거운 눈물을 흘린다.

Test 11

Complétez.

① Le petit Daniel a perdu ses parents, il est _____.

② C'est tragique, Simon est allé à _____ d'un ami qui vient de mourir.

③ Le 2 novermbre, on pose des fleurs sur les _____ dans le _____.

> 정답 문장을 완성시키시오.
> ① orphelin 고아 ② l'enterrement 매장 ③ tombes, cimetière 묘소, 공동묘지

04 시간

Test 1

Choisissez la bonne réponse.

① Nous   sommes / tombons   quel jour?

② Quand   tient / a   lieu l'exposition?

③ Noël   fait / tombe quel jour, cette année?

> **정답** 맞는 답을 골라보시오.
> ① sommes 오늘은 며칠인가요?
> ② a 전시회는 언제 열리나요?
> ③ tombe 금년에 크리스마스는 몇월 며칠인가요?

Test 2

Vrai ou faux?   Vrai   Faux

① Il est parti huit jours. = Il est parti une semaine.   ☐   ☐

② C'est un jour férié. = On ne travaille pas ce jour-là. ☐   ☐

③ Il est arrivé la veille de mon anniversaire.   ☐   ☐

   = Il est arrivé le jour après mon anniversaire.

④ Elle a un cours de gym le jeudi.   ☐   ☐

   = Elle prend un cours tous les jeudis.

> **정답** 참인가 거짓인가?
> ① V 그가 떠난 지 일주일 되었다.
> ② V 공휴일이다. ③ F 그는 내 생일 전날에 도착했다.
> ④ V 그녀는 목요일에 체육수업이 있다.

Test 3

Complétez.

① Aujourd'hui, nous _____ le 18.

② Mon amie est arrivée jeudi _____, c'est-à-dire le 12.

③ Elle est repartie le 13, le _____.

④ Le 14 juillet _____ un mardi, cette année.

> **정답** 다음 문장을 완성시켜보시오.
> ① sommes 오늘은 18일이다.
> ② dernier 내 친구는 12일인 지난 목요일에 도착했다.
> ③ lendemain 그녀는 그 다음 날인 13일에 떠났다.
> ④ tombe 금년에 7월 14일 혁명기념일은 화요일이다.

Test 4

Trouvez la question.

① _____ ? — Mercredi 20 novembre.

② _____ ? — On est lundi.

③ _____ ? — Nous sommes le 4.

④ _____ ? — Le 15 août tombe un vendredi.

⑤ _____ ? — C'est en mai, et j'aurai 30 ans!

> **정답** 질문을 만들어보시오.
> ① Quelle est la date, aujourd'hui? 오늘 며칠인가요?
> ② Quel jour sommes-nous? / On est quel jour, aujourd'hui? 오늘은 몇월 며칠(무슨 요일)인가요?
> ③ Nous sommes le combien ? 오늘은 며칠인가요?
> ④ Le 15 août tombe quel jour? 8월15일은 무슨 요일인가요?
> ⑤ C'est quand, ton anniversaire? 네 생일은 언제니?

Test 5

Choisissez la bonne réponse.

① Elle a passé / fait sa journée à la maison.

② Ils ont / font la journée continue.

③ C'est / Ça fait le jour et la nuit!

④ J'ai eu / fait la grasse matinée.

> 정답 맞는 답을 고르시오.
> ① passé 그녀는 한 나절을 집에서 보냈다. ② font 그들은 연속 근무를 한다. ③ C'est 하늘과 땅 차이다.
> ④ fait 나는 늦잠을 잤다.

Test 6

Donnez le contraire des mots soulignés.

① Il y a un beau lever de soleil. _____

② Le jour se lève. _____

③ Le soleil se lève. _____

④ Il fait jour. _____

> 정답 밑줄 친 단어의 반대말을 써보시오.
> ① coucher de soleil 아름다운 일몰이었다. ② la nuit tombe 밤이 된다. ③ se couche 태양이 진다.
> ④ nuit 밤이 된다.

Test 7

Complétez par « jour », « journée », « soir » ou « soirée ».

① Du _____ au lendemain, il change d'avis.

② Nous avons passé une très bonne _____. (2 possibilités)

③ Elle travaille du matin au _____.

④ Le bébé fait la sieste trois fois par _____.

⑤ Ils ont eu des réunions deux _____ de suite.

> **정답** 주어진 단어 가운데에서 완성시키시오.
> ① jour 갑자기(=subitement) 그는 생각을 바꿨다.
> ② soirée / journée 우리는 멋진 저녁 시간/ 한 나절을 보냈다.
> ③ soir 그녀는 아침부터 저녁까지 일한다.
> ④ jour 아기는 하루 세 번 낮잠을 잔다.
> ⑤ jours 그들은 이틀 연속 모임을 가졌다.

Test 8

Donnez l'heure en registre quotidien (12 heures).

① 12h 30 _____
② 17h 15 _____
③ 18h 45 _____
④ 21h 40 _____

> **정답** 일상적인 언어로 말해보시오 (24시간이 아니라 12시간으로)
> ① midi et demie ② cinq heures et quart ③ sept heures moins le quart ④ dix heures moins vingt

Test 9

Choisissez la bonne réponse.

① Quelle temps / heure est-il?
② Vous pouvez me dire / faire l'heure, s'il vous plaît?
③ Vous avez la demi-heure / l'heure?
④ Il est 4 heures plus cinq / moins cinq.
⑤ Elle est arrivée à 8 heures exactes / pile.

> **정답** 맞는 답을 골라보시오.
> ① heure 몇 시죠?
> ② dire 지금 몇 시입니까?
> ③ l'heure 지금 몇 시인가요?
> ④ moins cinq 4시 5분 전입니다.
> ⑤ pile 그녀는 8시 정각에 도착했다.

Test 10

Associez, pour constituer une phrase complète.

① Quelle heure
② À quelle heure
③ Vous avez
④ Vous pouvez me
⑤ Il est
⑥ Ça ouvre

a. midi.
b. à quelle heure?
c. est-il?
d. est-ce que tu as rendez-vous?
e. l'heure?
f. dire l'heure?

> **정답** 완전한 문장이 되도록 연결시켜보시오.
> ① c 지금 몇 시죠? ② d 너는 몇 시에 약속이 있니?
> ③ e 지금 몇 시인가요? ④ f 지금 몇 시인가요?
> ⑤ a 지금은 정오입니다. ⑥ b 몇 시에 문을 여나요?

Test 11

Associez une phrase et son explication.

① Il prend son temps.
② Elle s'est levée de bonne heure.
③ Il a le temps.
④ La pendule retarde.
⑤ Il est arrivé à l'heure.
⑥ Elle a gagné du temps.

a. Elle marque 10h 10, mais il est 10h 15.
b. Il est toujours ponctuel.
c. Elle a mis 20 minutes au lieu de 45.
d. Il ne se dépêche pas.
e. Il n'est pas pressé.
f. Il était 6h du matin.

> **정답** 문장과 설명을 연결시키시오.
> ① d 그는 자기 시간을 갖는다. 서두르지 않는다.
> ② f 그녀는 일찍 일어났다. 아침 6시였다.
> ③ e 그는 시간이 있다. 급하지 않다.
> ④ a 추시계가 늦게 간다.
> ⑤ b 그는 제시간에 도착했다. 그는 늘 시간을 엄수한다.
> ⑥ c 그녀는 시간을 벌었다. 그녀는 45분 대신 20분 걸렸다.

Test 12

Répondez par le contraire.

① Est-ce qu'il a le temps? — Non, il _____.

② Vous avez perdu du temps? — Non, j'_____.

③ Il se dépêche, le matin? — Non, il _____.

④ Vous êtes parti de bonne heure? — Non, je _____.

> **정답** 반대로 대답해보시오.
> ① Non, il est pressé. 아니오, 그는 급합니다.
> ② Non, j'en ai gagné, au contraire ! 아니오, 그 반대로 시간을 벌었어요.
> ③ Non, il prend son temps. 아니오, 그는 시간 여유가 있습니다.
> ④ Non, je suis parti tard. 아니오, 나는 늦게 떠났어요.

Test 13

Complétez par un verbe approprié.

① Je suis allé à ce rendez-vous à moto pour _____ du temps.

② Il _____ combien de temps pour aller de Paris à Dijon, en TGV?

③ Hier soir, j'ai _____ plus d'une heure pour rentrer chez moi!

④ Elle _____ juste à temps pour attraper le dernier bus.

⑤ J'ai _____ une très bonne soirée, hier.

> **정답** 알맞은 동사로 완성시켜보시오.
> ① gagner 그는 시간을 절약하기 위해 오토바이로 약속장소에 갔다.
> ② faut TGV로 빠리에서 디종까지 얼마나 걸리나요?
> ③ mis 어제 저녁에 나는 집에 돌아오는데 한 시간 이상 걸렸다.
> ④ est arrivée 그녀는 마지막 버스를 타기 위해 시간 맞춰 도착했다.
> ⑤ passé 나는 어제 좋은 저녁 시간을 보냈다.

05 날씨

Test 1

Choisissez la bonne réponse.

① Il fait mauvais/mal.

② Quel temps est/fait –il?

③ Il fait gris/clair.

④ Le temps/La journée s'améliore.

> 정답 맞는 답을 골라보시오.
> ① mauvais 날씨가 나쁘다. ② fait 날씨가 어떤가요?
> ③ gris 날씨가 우중충하다. ④ Le temps 날씨가 좋아진다

Test 2

Associez les phrases de même sens.

① Il fait beau.   a. Il fait orageux.

② Il fait lourd.   b. Il fait un temps magnifique.

③ Il fait une chaleur torride.   c. Il fait une belle journée.

④ Le temps est changeant.   d. Il fait un temps épouvantable.

⑤ Il fait un temps splendide   e. Le temps est incertain.

⑥ Il fait un temps affreux.   f. C'est la canicule.

> 정답 같은 의미를 가진 문장끼리 연결시키시오.
> ① c 날씨가 참 좋다. ② a 폭우를 예고하는 것 같은 날씨다.
> ③ f 폭염이다. ④ e 기후가 불확실하다.
> ⑤ b 기막힌 날씨다. ⑥ d 끔찍한 날씨다.

Test 3

Choisissez les termes possibles.

① Il fait bon / incertain / affreux / lourd / humide.

② Le temps s'améliore / fait froid / fait gris / se dégrade.

③ Il fait un temps beau fixe / splendide / affreux / torride / magnifique.

④ Il fait −3℃ / une belle journée / changeant / gris / 25℃ à l'ombre.

> 정답 가능한 표현을 골라보시오.
> ① bon, lourd, humide
> ② s'améliore, se dégrade
> ③ splendide, affreux, magnifique
> ④ −3℃, une belle journée, gris, 25℃ à l'ombre.

Test 4

Complétez par le contraire.

① Il ne fait pas beau, il fait _____

② Il n'y a pas de soleil, il fait _____

③ Le temps ne s'améliore pas, il _____

④ Il ne fait pas un temps magnifique, il _____

> 정답 반대말로 완성시켜보시오.
> ① mauvais 날씨가 나쁘다. ② gris 날씨가 우중충하다. ③ se dégrade 날씨가 나빠진다.
> ④ fait un temps épouvantable 끔찍한 날씨다. ⑤ est changeant, incertain. 변화하는, 불확실한 날씨다.

Test 5

Vrai ou faux?   Vrai   Faux

① Il y a du brouillard. = On ne voit rien sur les routes.   ☐   ☐

② Il y a une tornade. = Il pleut à torrents.   ☐   ☐

③ Il y a des éclairs. = Il y a un orage.   ☐   ☐

④ Le fleuve déborde. = La sécheresse est terrible   ☐   ☐

> **정답** 참(V)인가 거짓(F)인가?
> ① V 안개가 있다. 도로에서 아무 것도 보지 못한다.
> ② F 회오리 바람이 분다. 비가 억수로 온다.
> ③ V 번개가 친다. 폭풍우가 있다.
> ④ F 강물이 범람한다. 가뭄이 심하다.

Test 6

Associez, pour constituer une phrase complète.

① Il pleut   a. du verglas.
② La route est   b. à travers les nuages.
③ On entend   c. à verse.
④ Il gèle, il y a   d. inondée.
⑤ On voit le soleil   e. le tonnerre.

> **정답** 완전한 문장이 되도록 연결시키시오.
> ① c 비가 억수로 온다. ② d 도로가 물에 잠겼다. ③ e 천둥소리를 듣는다.
> ④ a 얼어붙는 날씨다. 빙판이 있다. ⑤ b 구름 사이로 태양을 본다.

Test 7

Éliminez l'intrus.

① brume / inondation / brouillard / nuage
② vergals / givre / éclair / grêle
③ averse / brume / bruine / pluie
④ foudre / éclair / tonnerre / congère

> **정답** 관련 없는 말을 골라보시오.
> ① inondation 홍수, 범람 ② éclair 번개 ③ brume 짙은 안개
> ④ congère 바람으로 쌓인 눈더미(Amas de neige entassée par le vent)
> ⑤ éclaircie 잠시 갬, 일시적인 호전

Test 8

Complétez par un verbe.

① Un orage _____.

② La pluie _____.

③ Le vent _____.

④ La fleuve _____.

> 정답 관련 없는 말을 골라보시오.
> ① éclate 폭풍우가 분다 ② tombe 비가 내린다. ③ souffle 바람이 분다. ④ déborde 강이 범람한다.

06 자연환경

Test 1

Vrai ou faux?   Vrai   Faux

① Le Soleil tourne autour de la Terre.   ☐   ☐

② Les étoiles brillent dans le ciel.   ☐   ☐

③ Le soleil se lève à l'est.   ☐   ☐

④ L'Europe est dans l'hémisphère Sud.   ☐   ☐

> **정답** 참인가 거짓인가?
> ① **F** 태양은 지구 주위를 돈다. ② **V** 별들은 하늘에서 빛난다.
> ③ **V** 해는 동쪽에서 뜬다. ④ **F** 유럽은 남반구에 있다.

Test 2

Choisissez la bonne réponse.

① Il a les pieds sur la terre / terre.

② Fanny est toujours dans la lune/le ciel.

③ Le soleil s'endort / se couche à l'ouest.

④ J'aime bien m'asseoir par terre / sur terre.

> **정답** 바른 답을 골라보시오.
> ① terre 그는 현실적이다. (= agir toujours en tenant compte de la réalité)
> ② la lune 파니는 늘 멍한 상태다. (= être distrait , étourdi, rêveur)
> ③ se couche 해는 서쪽에서 진다.
> ④ par terre 나는 땅바닥에 앉는 것을 좋아한다.

Test 3

Éliminez l'intrus.

① mer / océan / continent

② lune / soleil / ciel

③ Mars / la Terre / l'Amérique

④ équateur / hémisphère Nord / globe terrestre

> 정답 관련없는 말을 가려보시오.
> ① continent 대륙 ② ciel 하늘 ③ l'Amérique 아메리카 ④ globe terrestre 지구

Test 4

Complétez par un verbe approprié.

① Le soleil _____ à l'ouest.

② La Terre _____ autour du Soleil.

③ Le soleil _____ à l'est.

> 정답 알맞은 동사로 문장을 완성시키시오.
> ① se couche 해는 서쪽에서 진다. ② tourne 지구는 태양 주위를 돈다. ③ se lève 해는 동쪽에서 뜬다.

Test 5

Choisissez la bonne réponse.

① Nous allons au bord de la côte / mer.

② La mer est agitée / pleine

③ Il y a beaucoup de vagues / galets sur la plage.

④ Le bateau remonte le courant / l'estuaire.

> 정답 바른 답을 골라보시오.
> ① mer 우리는 바닷가에 간다. ② agitée 바다는 파도가 인다.
> ③ galets 해변에 조약돌이 많다. ④ le courant 배는 물의 흐름을 거슬러 올라간다.

Test 6

Devinez de quoi on parle.

① C'est l'endroit où les bateaux arrivent : _____.

② Elle peut être haute ou basse : _____.

③ C'est plus petit qu'une rivière : _____.

④ Elle est salée : _____.

> **정답** 무엇에 관해 말하는지 맞춰보시오.
> ① le port 배들이 도착하는 곳, 항구 ② la marée 만조, 간조
> ③ un ruisseau 강물보다 작은 시냇물 ④ l'eau de mer 짠 바닷물

Test 7

Répondez par le contraire.

① La mer n'est pas agitée, elle est _____.

② La marée n'est pas haute, elle est _____.

③ Il n'habite pas en amont, mais en _____.

④ Le bateau ne suit pas le courant, il le _____.

⑤ Le bateau ne navigue pas près de la côte, mais en _____.

> **정답** 반대로 답해보시오.
> ① calme 바다는 풍랑이 없이 차분하다. ② basse 조수는 만조가 아니고 간조(干潮)다.
> ③ aval 그는 상류에 살지 않고 하류에 산다. ④ remonte 배는 물의 흐름을 따라가지 않고 거슬러 올라간다.
> ⑤ pleine mer 배는 연안에서 항해하지 않고 큰 바다를 항해한다.

Test 8

Éliminez l'intrus.

① sommet / torrent / montagne / plaine

② champ / prairie / plaine / pré

③ village / hameau / avalanche / ferme

④ campagne / montagne / vallée / col

> 정답 관련 없는 말을 가려내시오.
> ① plaine 평원 ② plaine 평원 ③ avalanche 눈사태 ④ campagne 전원

Test 9

Choisissez la bonne réponse.

① Ils habitent dans un petit hameau / refuge.

② Il y a des risques d'avalanche / de torrents.

③ Le sommet / Le col de cette montagne est à 2456 mètres d'altitude.

④ Il y a beaucoup de champs / chalets dans cette région agricole.

> 정답 바른 답을 골라보시오.
> ① hameau 그들은 작은 마을에 산다.
> ② d'avalanche 눈사태 우려가 있다.
> ③ Le sommet 이 산 정상은 해발 2456미터이다.
> ④ champs 이 농업 지역에는 밭이 많다.

Test 10

Associez, pour constituer une phrase complète.

① Le Mont Blanc est à 4807 m   a. dans le refuge.

② Ils ont dormi   b. un chalet en montagne.

③ Il y a des champs   c. d'altitude.

④ Ils habitent   d. dans la plaine.

⑤ Il a   e. dans un petit hameau.

> 정답 완전한 문장이 되도록 연결시키시오.
> ① c 몽블랑은 해발 4807미터이다.
> ② a 그들은 대피처에서 잤다.
> ③ d 평원에 밭들이 있다.
> ④ e 그들은 작은 마을에 산다.
> ⑤ b 그는 산에 산장을 갖고 있다.

Test 11

De quoi parle-t-on?

① C'est plus petit qu'un village : _____.

② C'est une rivière de montagne : _____.

③ C'est le point le plus haut d'une montagne : _____.

④ C'est plus petit qu'une montagne : _____.

> 정답 무엇에 대해 말하는가?
> ① un hameau 작은 마을 ② un torrent 산의 급류
> ③ le sommet 산의 정상(頂上) ④ une colline 언덕, 동산

07 식물

Test 1

Éliminez l'intrus.

① feuille / branche / pot
② marguerite / muguet / champignon
③ tronc / racine / bouquet
④ parterre / plate-bande / pelouse

> **정답** 관련 없는 말을 골라내시오.
> ① pot 단지 ② champignon 버섯 ③ bouquet 꽃다발 ④ pelouse 잔디

Test 2

Associez, pour contituer une phrase complète.

① La fleur a une tige et des   a. tronc.
② Je dois tondre   b. champignons.
③ L'arbre a des racines et un   c. la pelouse.
④ Le jardinier prépare un beau   d. pétales.
⑤ Nous allons aux   e. parterre de fleurs.

> **정답** 완전한 문장이 되도록 연결시키시오.
> ① d 꽃은 줄기와 꽃잎을 갖고 있다.
> ② c 나는 잔디를 깎아야한다.
> ③ a 나무는 뿌리와 줄기를 갖고 있다.
> ④ e 정원사는 멋진 화단을 준비한다.
> ⑤ b 우리는 버섯 있는 곳으로 간다.

Test 3

De quoi parle-t-on?

① C'est la fleur qu'on offre le 1er mai. C'est le _____.

② Le jardinier la tond tous les deux mois. C'est la _____.

③ Je cueille des fleurs, et je fais un _____.

④ En automne, on en ramasse beaucoup et on les mange. Ce sont les _____.

> **정답** 무엇에 관해 말하는가?
> ① muguet 5월1일에 주는 꽃이다. 은방울꽃 ② pelouse 정원사가 2개월에 한번 깎는다. 잔디
> ③ bouquet 나는 꽃을 꺾어 만든다. 꽃다발 ④ champignons 가을에 많이 수확하고 먹는다. 버섯

Test 4

Complétez par un verbe approprié.

① En été, on doit _____ les plantes tous les jours.

② Certaines fleurs _____ très bon.

③ Les tulipes _____ au printemps.

④ Après un certain temps, une fleur cueillie se _____.

> **정답** 알맞은 동사로 완성시키시오.
> ① arroser 여름에는 식물에 매일 물을 뿌려야한다. ② sentent 어떤 꽃들은 향기가 매우 좋다.
> ③ fleurissent 튤립은 봄에 꽃 핀다. ④ fane 일정한 시간이 지나면 꺾은 꽃은 시든다.

Test 5

Complétez par un verbe.

① La salade _____ dans le potager.

② On _____ les fruits.

③ Le jardinier _____ le jardin.

④ Il _____ les pommes de terre.

> 정답 **동사로 완성시키시오.**
> ① pousse 샐러드용 상추는 채소밭에서 자란다. ② cueille 사람들은 과일을 딴다.
> ③ entretient 정원사는 정원을 가꾼다. ④ arrache 그는 감자를 캔다.

Test 6

Choisissez la bonne réponse.

① Le chien aboie / miaule.

② Le chat tire la queue / ronronne.

③ On doit tenir les chiens en laisse / par la patte.

④ Le chien griffe / mord.

> 정답 **동바른 답을 골라보시오.**
> ① aboie 개가 짖는다. ② ronronne 고양이가 갸르릉거린다.
> ③ en laisse 개들은 목줄로 매야한다. ④ mord 개가 문다.

Test 7

Associez une situation et une expression imagée.

① Il a très mauvais caractère.   a. Il est doux comme un agneau.

② Il n'y a personne.   b. Ils s'entendent comme chien et chat.

③ Il fait très mauvais.   c. Il a un caractère de cochon.

④ Il est très doux.   d. Il n'y a pas un chat.

⑤ Ils ont une mauvaise relation.   e. Il fait un temps de chien.

> 정답 **상황과 비유의 표현을 연결시켜보시오.**
> ① c 그는 아주 못된 성격이다. ② d 아무도 없다.
> ③ e 아주 궂은 날씨다. ④ a 그는 아주 부드럽다.
> ⑤ b 그들은 관계가 아주 좋지 않다.

08 동물

Test 1

Choisissez la bonne réponse.

① La crevette / La moule est un coquillage.

② Le chasseur chasse le lièvre / la grenouille.

③ Il s'est fait mordre / piquer par une guêpe.

④ Le sanglier / Le papillon est un insecte.

> 정답 바른 답을 골라보시오.
> ① La moule 홍합은 조개다. ② le lièvre 포수는 산토끼를 사냥한다.
> ③ piquer 그는 말벌에 쏘였다. ④ Le papillon 나비는 곤충이다.

Test 2

Vrai ou faux?   Vrai   Faux

① On ramasse les grenouilles.   □   □

② On chasse le gibier.   □   □

③ On pêche le poisson.   □   □

④ Le saumon est un fruit de mer.   □   □

> 정답 참(V)인가 거짓(F)인가?
> ① F 사람들은 개구리를 모은다. ② V 사람들은 사냥감을 사냥한다.
> ③ V 사람들은 물고기를 낚시한다. ④ F 연어는 해산물(식용 연체동물)이다.

Test 3

De quel insecte parle-t-on?

① Elle fait une toile. C'est _____.

② Elle vit dans une ruche. C'est _____.

③ Il est joli, coloré, il ne pique pas. C'est _____.

④ Il est très petit et pique. C'est _____.

> 정답 어떤 곤충에 대해 말하는가?
> ① une araignée 거미줄을 만든다. 거미
> ② une abeille 벌집에서 산다. 꿀벌
> ③ un papillon 예쁘고 여러 색을 띄고 있으며 쏘지 않는다. 나비
> ④ un moustique 아주 작고 쏜다. 모기

Test 4

Complétez par un nom.

① Le _____ va à la pêche.

② Le chasseur va à la _____.

③ Le _____ nage dans l'eau.

④ L'abeille fabrique du _____.

> 정답 명사로 완성시키시오.
> ① pêcheur 어부는 고기를 잡으러 간다.
> ② chasse 사냥꾼은 사냥하러 간다.
> ③ poisson 물고기는 물에서 헤엄친다.
> ④ miel 꿀벌은 꿀을 만든다.

Test 5

Associez une situation et une expression imagée.

① Il a les cheveux vraiment noirs.　　a. C'est un vrai rossignol.

② Elle répète ce qu'elle entend sans comprendre.　　b. Il est léger comme une plume.

③ Elle chante merveilleusement bien.　　c. Une hirondelle ne fait pas le printemps.

④ Ce sac est très léger.　　d. Ils sont noirs comme un corbeau.

⑤ Un seul exemple ne suffit pas.　　e. C'est un vrai perroquet.

> **정답** 상황과 비유 표현을 연결시켜보시오.
> ① d 머리카락이 까마귀처럼 검다. ② e 앵무새처럼 되낸다.
> ③ a 나이팅게일처럼 노래한다. ④ b 깃털처럼 가볍다.
> ⑤ c 제비 한 마리가 왔다고 봄이 된 것은 아니다.

Test 6

Vrai ou faux?　　Vrai　　Faux

① La colombe est le symbole de la paix.　　☐　　☐

② L'oiseau vole.　　☐　　☐

③ Le corbeau est le symbole de la puissance.　　☐　　☐

④ Le pigeon vole au-dessus de la mer.　　☐　　☐

> **정답** 참인가 거짓인가?
> ① V 비둘기는 평화의 상징이다. ② V 새는 날아다닌다.
> ③ F 까마귀는 파워의 상징이다. ④ F 비둘기는 바다위를 난다.

09 신체

Test 1

Vrai ou faux?

	Vrai	Faux
① Nous avons des cheveux sur les bras.	☐	☐
② La cheville relie la main au bras.	☐	☐
③ La bouche a deux lèvres	☐	☐
④ La nuque est l'arrière du cou.	☐	☐

> **정답** 참인가 거짓인가?
> ① F 우리는 팔위에 머리카락이 있다. ② F 발목은 손과 팔을 연결한다.
> ③ V 입은 두 개의 입술을 갖고 있다. ④ V 목덜미는 목의 뒤에 있다.

Test 2

Trouvez le nom correspondant aux verbes suivants.

① Le cœur bat.   Je sens les _____ de mon coeur.

② Il pense.   La _____ est le propre de l'Homme.

③ Elle digère.   La _____ est parfois difficile.

④ Il saigne.   Il perd beaucoup de _____.

> **정답** 다음 동사에 해당하는 명사를 찾아보시오.
> ① battements 나는 심장의 박동을 느낀다. ② pensée 사고(思考)는 인간 고유의 것이다.
> ③ digestion 종종 소화하기가 어렵다. ④ sang 그는 피를 많이 흘렸다.

Test 3

Associez une fonction et une partie du corps.

① Pour respirer :   a. les muscles.

② Pour digérer :   b. la peau.

③ Pour réfléchir :   c. les poumons.

④ Pour bouger :   d. le cerveau.

⑤ Pour transpirer :   e. l'estomac.

> 정답 기능과 신체부위를 연결시켜보시오.
> ① c 호흡하기 위한 폐 ② e 소화하기 위한 위 ③ d 사고하기 위한 뇌 ④ a 움직이기 위한 근육
> ⑤ b 땀이 나기 위한 피부

Test 4

Choisissez la bonne réponse.

① Il a mangé trop de gâteaux, il a une crise de foie / estomac.

② Il me tape sur les muscles / nerfs.

③ J'ai le cœur / cerveau qui bat très fort.

④ Elle a mal aux nerfs / reins.

> 정답 바른 답을 골라보시오.
> ① foie 그는 케이크를 너무 먹어 급성간질환을 일으켰다. ② nerfs 그는 내 신경을 거슬른다.
> ③ cœur 나는 심장이 몹시 두근거린다. ④ reins 그녀는 허리가 아프다.

Test 5

Complétez.

① Il est fort, il a des _____.

② Il s'est coupé, il perdu du _____.

③ Il respire par le _____ ou par la _____.

④ Elle s'est fait mal au dos, elle a mal aux _____.

> 정답 다음 문장을 완성시키시오.
> ① muscles 그는 힘이 세다. 그는 근육이 있다. ② sang 그는 베었고 피를 흘렸다.
> ③ nez, bouche 그는 코 또는 입으로 숨을 쉰다. ④ reins 그녀는 등을 다쳤고, 허리가 아프다.

Test 6

Choisissez la bonne réponse.

① Il a une bonne vue?
   a. Oui, il a de bons yeux.
   b. Oui, il a de bonnes oreilles.

② Elle est sourde?
   a. Oui, elle ne sent rien.
   b. Oui, elle n'entend rien.

③ Il a de bons yeux?
   a. Oui, il a un beau regard.
   b. Non, il devient aveugle.

④ Tu sens le goût de poisson?
   a. Non, je n'ai pas encore goûté.
   b. Non, ce n'est pas bon.

⑤ Il a un bon odorat?
   a. Non, ça a mauvais goût.
   b. Oui, il sent toutes les odeurs.

> 정답 바른 답을 골라보시오.
> ① a 그는 눈이 좋습니다. ② b 그녀는 듣지 못합니다. ③ b 아니오, 그는 맹인이 되었습니다.
> ④ a 아직 맛보지 못했습니다. ⑤ b 그는 모든 냄새를 맡는 후각을 가졌습니다.

Test 7

Choisissez la bonne réponse.

① Ça sent bien / bon.

② Ça a bon goût / odorat.

③ Elle a l'ouïe / la vue fine.

④ Il n'entend pas, il est sourd / aveugle.

> 정답 바른 답을 골라보시오.
> ① bon 냄새가 좋다. ② goût 맛이 있다. ③ l'ouïe 그녀는 미세한 청각을 가졌다.
> ④ sourd 그는 듣지 못하는 청각장애인이다.

Test 8

Complétez ces expressions imagées.

① J'en ai assez, j'en ai plein le _____.

② Cela se voit comme le _____ au milieu de la _____.

③ Elle est généreuse, elle a bon _____.

④ Il est très réaliste. Il a la _____ sur les _____.

⑤ C'est évident, cela saute aux _____!

> **정답** 비유의 표현을 완성시켜보시오.
> ① dos 진저리가 난다, 지긋지긋하다. ② nez, figure 눈에 확 띈다. ③ cœur 그녀는 아주 관대하다.
> ④ tête, épaules 그는 아주 현실적이다. ⑤ yeux 눈에 띄는 분명한 일이다.

Test 9

Choisissez la bonne réponse.

① Ils vont / sont bien.

② Elle sent / se sent fatiguée.

③ Il a / est en bonne santé.

④ Ils ont / sont l'air en forme.

> **정답** 바른 답을 골라보시오.
> ① vont 그들은 잘 지낸다. ② se sent 그녀는 피곤해한다. ③ est 그는 건강 상태가 좋다.
> ④ ont 그들은 컨디션이 좋아 보인다.

Test 10

Associez les phrases de sens équivalent.

① Elle est en très bonne santé   a. Elle est blanche comme un linge.

② Elle n'en peut plus.   b. Elle a meilleure mine.

③ Elle a mauvaise mine.   c. Elle est crevée.

④ Elle a très mal.   d. Elle est en pleine forme.

⑤ Elle va mieux.   e. Elle a une douleur.

> 정답 같은 의미를 가진 문장들을 연결시키시오.
> ① d 그녀는 매우 건강상태가 좋다. ② c 그녀는 완전히 지쳤다.
> ③ a 그녀는 안색이 좋지 않다. ④ e 그녀는 몹시 아프다. ⑤ b 그녀는 상태가 호전된다.

Test 11

Complétez par un verbe.

① Ça _____ mieux?

② Je me _____ mal.

③ Elle ne dort pas, elle _____ de sommeil.

④ Il _____ mal à la tête.

> 정답 동사로 완성시키시오.
> ① va 좀 나아졌나? ② sens 나는 컨디션이 좋지 않다.
> ③ manque 그녀는 잠을 못자서, 잠이 모자란다. ④ a 그는 머리가 아프다.

10 외모와 관련 표현

Test 1

Vrai ou faux?   Vrai   Faux

① Il mesure 1,60 m. = Il est petit.

② Il a perdu du poids. = Il a pris des kilos.

③ Elle est souple. = Elle n'est pas raide.

④ Il s'est pesé. = Il s'est mesuré.

> **정답** 참인가 거짓인가?
> ① V 그의 키는 1미터 60이다. 그는 작다.   ② F 그는 몸무게가 빠졌다. 체중이 늘었다.
> ③ V 그녀는 유연하다. 경직되지 않았다.   ④ F 그는 무게를 쟀다. 키를 쟀다.

Test 2

Associez, pour constituer une phrase complète.

① Il a le teint   a. fine.
② Elle a la peau   b. roux
③ Ils sont de taille   c. pâle.
④ Elle a les cheveux   d. claire.
⑤ Elle a la taille   e. moyenne.

> **정답** 완전한 문장이 되도록 연결시켜보시오.
> ① c 그는 안색이 창백하다.   ② d 그녀는 밝은 피부를 가졌다.   ③ e 그들은 신장이 중간이다.
> ④ b 그녀는 머리카락이 적갈색이다.   ⑤ a 그녀는 가는 허리를 가졌다.

Test 3

Choisissez la bonne réponse.

① Combien est-ce qu'il mesure? a. 72kg.
　　　　　　　　　　　　　　　　　b. 1,72m.

② Il est comment? a. En bonne santé.
　　　　　　　　　　 b. Grand et mince.

③ Elle fait un régime? a. Oui, elle veut garder la ligne.
　　　　　　　　　　　　 b. Oui, elle est trop raide.

④ Elle pèse combien? a. Je ne sais pas, mais elle est trop grande.
　　　　　　　　　　　　b. Je ne sais pas, mais elle est trop grosse.

⑤ Il est grand? a. Non, il n'est pas mince.
　　　　　　　　　b. Non, il est de taille moyenne.

> **정답** 바른 답을 골라보시오.
> ① b 그는 키가 얼마인가? 1미터 72입니다.
> ② b 그는 어떤가요? 건강상태가 좋습니다.
> ③ a 그녀는 다이어트를 하나요? 네, 라인을 유지하고 싶어 합니다.
> ④ b 그녀는 몸무게가 얼마인가요? 모르지만 지나치게 뚱뚱합니다.
> ⑤ b 그는 큰가요? 아니오, 키가 중간쯤 됩니다.

Test 4

Associez, pour constituer une phrase complète.

① Il a　　　　　　　　　　a. son âge.
② Elle est jolie　　　　　　b. mal.
③ Il est moche　　　　　　c. comme un cœur.
④ Elle ne fait pas　　　　 d. une quarantaine d'années.
⑤ Il n'est pas　　　　　　 e. comme un pou.

> **정답** 완전한 문장이 되도록 연결시켜보시오.
> ① d 그는 40세쯤 되었다. ② c 그녀는 굉장히 예쁘다. ③ e 그는 아주 못생겼다.
> ④ a 그녀는 아주 젊어 보인다. ⑤ b 그는 상당히 멋지다.

Test 5

Choisissez la bonne réponse.

① Le bébé a la peau lisse / allongée.

② Carmen a le teint / type mat.

③ Cet homme a le visage tout bridé / ridé.

> 정답 **바른 답을 골라보시오.**
> ① lisse 아기는 피부가 매끄럽다. ② teint 카르멘은 안색이 밝지 않다. ③ ridé 이 남자는 얼굴이 주름졌다.

Test 6

Choisissez les termes possibles.

① François est laid / beau / joli / bridé / séduisant.

② Élodie est ravissante / moche / mate / lisse.

③ Elle a la peau lisse / ridée / allongée.

> 정답 **가능한 용어를 골라보시오.**
> ① laid 못생긴, beau 잘 생긴, séduisant 매력적인 ② ravissante 황홀하게 하는, moche 못생긴
> ③ lisse 매끄러운, ridée 주름진

Test 7

Répondez par le contraire.

① Il est beau? — Non, il est _____.

② Il a la peau lisse? — Non, il a la peau _____.

③ C'est un homme jeune? — Non, c'est un homme _____.

④ Elle a le teint mat? — Non, elle a le teint _____.

> 정답 **반대로 대답하시오.**
> ① moche, laid 그는 못생겼다. ② ridée 그는 피부가 주름졌다. ③ âgé 그는 나이든 남자다.
> ④ pâle 그는 안색이 창백하다.

Test 8

Vrai ou faux?   Vrai   Faux

① Il est chauve. = Il n'a pas de cheveux.   ☐   ☐

② Elle a les cheveux raides. = Elle a les cheveux longs.   ☐   ☐

③ Elle est très soignée. = Elle est mal coiffée.   ☐   ☐

> **정답** 참인가 거짓인가?
> ① V 그는 대머리다. 그는 머리카락이 없다.
> ② F 그녀의 머리카락은 직모다. 그녀는 머리가 길다.
> ③ F 그녀는 정성껏 손질되었다. 그녀는 머리를 잘 못했다.

Test 9

Éliminez l'intrus.

① blond / brun / marron / roux

② raide / barbu / ondulé / frisé

③ coquet / chauve / soigné / élégant

> **정답** 관련 없는 말을 가려내시오.
> ① marron 밤색 (눈) ② barbu 수염이 있는 ③ chauve 대머리

Test 10

Choisissez les terms possibles.

① Elle a les cheveux courts / longs / faux / gris-verts / blancs.

② Il est chauve / gris / attaché / beau / brun.

③ Il a des lunettes / en tresse / une barbe / une moustache.

> **정답** 가능한 용어를 골라보시오.
> ① courts 짧은, longs 긴, blancs 하얀 ② chauve 대머리인, beau 멋진, brun 갈색머리의
> ③ des lunettes 안경, une barbe 수염, une moustache 콧수염

Test 11

Complétez par un nom.

① Son visage est couvert de taches de _____.

② Elle porte toujours une queue de _____.

③ Il a un grain de _____ sur la joue.

④ Il ne voit pas bien, il est obligé de porter des _____.

> 정답 **명사로 완성시켜보시오.**
> ① rousseur 그의 얼굴은 주근깨로 덮여있다. ② cheval 그녀는 늘 포니테일머리를 하고 있다.
> ③ beauté 그는 뺨에 점이 있다. ④ lunettes 그는 눈이 나빠서 안경을 써야한다

11 의복과 유행

Test 1

Éliminez i'intrus.

① manteau / imperméable / chemisier / veste

② gilet / chemise / robe / costume

③ short / anorak / bermuda / maillot de bain

④ robe / peignoir / chemise de nuit / pyjama

> **정답** 관련 없는 말을 가려내시오.
> ① chemisier 여성용 블라우스 ② robe 원피스 ③ anorak 후드 달린 파카 ④ robe 드레스, 원피스

Test 2

Devinez de quel vêtement on parle.

① Il peut être en V ou ras du cou. C'est un _____.

② On le porte pour nager. C'est un _____.

③ C'est une vêtement de femme, composé d'une jupe et d'une veste. C'est _____.

④ C'est un vêtement qu'on porte quand il pleut. C'est un _____.

> **정답** 어떤 옷에 대해 말하고 있는지 맞춰보세요.
> ① pull V 또는 목이 있는 스웨터
> ② maillot de bain 수영할 때 입는 수영복
> ③ tailleur 치마와 자켓으로 이뤄진 여성 투피스
> ④ imperméable 비 올 때 입는 레인코트

Test 3

Choisissez la bonne réponse.

① Il porte quel type de chaussures?	a. Des mocassins.
	b. Des collants.

② C'est un tissu synthétique?	a. Oui, c'est de la viscose.
	b. Oui, c'est imprimé.

③ La robe est à motifs?	a. Non, elle est à fleurs.
	b. Non, elle est unie.

④ Elle porte des collants?	a. Non, des chaussettes.
	b. Non, des chaussures.

⑤ Ce sont des chaussures à talon?	a. Non, elles sont à pois.
	b. Non, elles sont plates.

> **정답** 바른 답을 골라보시오.
> ① a 간편한 단화, 가죽신 ② a 비스코스 레이온, 재생섬유
> ③ b 무늬가 없는 ④ a 양말 ⑤ b 단화 (短靴)

Test 4

Vrai ou faux?   Vrai   Faux

① Les escarpins ont des talons.   ☐   ☐
② Le caleçon est une sorte de chaussure.   ☐   ☐
③ La laine est une matière naturelle.   ☐   ☐

> **정답** 참인가 거짓인가?
> ① V 무도화는 발굽이 있다.
> ② F caleçon은 팬츠, 신발의 일종이 아니다.
> ③ V 양모는 자연 재료다.

Test 5

Éliminez l'intrus.

① soutien-gorge / slip / culotte / collant

② coton / lin / nylon / laine

③ semelle / mantoufle / mocassin / sandale

④ rayures / carreaux / bottes / pois

> **정답** 관련 없는 말을 가려내시오.
> ① collant 스타킹 ② nylon 나일론 ③ semelle 바닥, 스키 플레이트 ④ bottes 장화

Test 6

Choisissez les terms possibles.

① Je préfères naturelles : le lin / le cuir / le nylon / la soie.

② Les tissus sont noirs / imprimés / en cuir / à rayures / à talon.

③ Au peid, on peut mettre des chaussures / des chaussettes / un caleçon / une combinaison / des socquettes.

> **정답** 사용 가능한 용어를 골라보시오.
> ① le lin 아마섬유, 아마포, le cuir 가죽, la soie 실크
> ② noirs 검은 , imprimés 프린트된, à rayures 줄무늬가 있는
> ③ des chaussures 신발, des chaussettes 양말, des socquettes 짧은 양말

Test 7

Choisissez la bonne réponse.

① Qu'est-ce que tu vas mettre/habiller, demain?

② Tu te changes / changes?

③ Comment est-ce que tu t'habilles/portes?

④ J'ai décidé de rester / enlever en pantalon.

⑤ Il a enfilé / porté un pull et il est parti.

> **정답** 바른 답을 골라보시오.
> ① mettre 너는 내일 뭘 입을래? ② te changes 너는 옷을 갈아입는다.
> ③ t'habilles 너는 옷을 어떻게 입니? ④ rester 나는 바지를 입고 있기로 했다.
> ⑤ enfilé 그는 스웨터를 입고 나갔다.

Test 8

Choisissez la bonne réponse.

① Ça se fait / met beaucoup.

② Ça lave / se lave en machine.

③ Je peux essayer / aller ce pantalon?

> **정답** 바른 답을 골라보시오.
> ① fait 그것이 많이 유행한다. ② se lave 세탁기로 빤다. ③ essayer 이 바지 입어봐도 되나요?

Test 9

Remettez le dialogue dans l'ordre.

① Je fais du 38.

② Oui, madame, bien sûr. Les cabines sont au fond, à gauche.

③ Oui, bien sûr. Quelle taille faites-vous?

④ Oui, je cherche un pantalon noir, assez habillé.

⑤ Voilà trois modèles en 38.

⑥ Bonjour, madame, je peux vous renseigner?

⑦ Je peux les essayer?

> **정답** 대화를 바른 순서로 놓아보시오.
> ⑥ 안녕하세요, 부인, 무얼 도와드릴까요?
> ④ 유행인 까만 바지를 찾고 있어요.
> ③ 네, 어떤 사이즈를 입나요?
> ① 38을 입습니다.
> ⑤ 자, 여기 38 모델 셋이 있습니다.
> ⑦ 입어봐도 될까요?
> ② 물론이죠. 입어보는 곳은 왼쪽 구석에 있습니다.

11 의복과 유행

Test 10

Associez une question et une réponse.

① Quelle est votre pointure?
② Ça va, la taille?
③ Je peux essayer?
④ Quelle taille faites-vous?
⑤ Je peux vous renseigner?
⑥ Ça me va bien?
⑦ C'est une jupe moulante?
⑧ C'est à la mode?

a. Oui, ça vous amincit!
b. Oui, ça se fait beaucoup.
c. Je chausse du 39.
d. Oui, elle est près du corps.
e. Non, c'est un peu petit.
f. Oui, les cabines sont à droite.
g. Oui, je cherche des pulls de ski.
h. Je fais du 42.

> 정답 질문과 대답을 연결시켜보시오.
> ① c 사이즈가 어떻게 되나요? 39사이즈 신습니다.
> ② e 크기가 맞나요? 아뇨, 조금 작아요.
> ③ f 입어 봐도 되나요? 네, 입어보는 곳은 오른쪽입니다.
> ④ h 사이즈는요? 42 사이즈입니다.
> ⑤ g 뭘 도와드릴까요? 스키 스웨터를 찾고 있어요.
> ⑥ a 제게 어울리나요? 네, 날씬해 보여요.
> ⑦ d 몸에 딱 맞는 스커트인가요? 네, 몸에 붙여 입어요.
> ⑧ b 최신 유행인가요? 네, 많이 입고 있습니다.

12 집과 주거공관

Test 1

Choisissez la bonne réponse.

① Il est bricoleur : il répare / range les appareils qui ne marchent plus.

② Nous avons aménagé une chambre dans le débarras / grenier.

③ J'ai oublié de fermer la porte à la serrure / clé.

> **정답** 바른 답을 골라보시오.
> ① répare 그는 수공일을 좋아하는 사람으로 고장 난 기계들을 수리한다.
> ② grenier 우리는 창고 안에 방을 하나 꾸몄다.
> ③ clé 나는 문을 열쇠로 닫는 것을 잊었다.

Test 2

Vrai ou faux?   Vrai   Faux

① Un débarras est une pièce où l'on range des objets.   ☐   ☐

② On peut marcher sur le plafond.   ☐   ☐

③ La clôture entoure le jardin.   ☐   ☐

> **정답** 참인가 거짓인가?
> ① V 다락방은 여러 물건을 넣어두는 곳이다.
> ② F 천장 위를 걸을 수 있다.
> ③ V 울타리는 정원을 둘러싼다.

Test 3

Associez, pour constituer une phrase complète.

① Je ne connais pas mes voisins de   a. peint.
② Je cherche la loge de   b. le débarras.
③ Il y a un grenier sous   c. palier
④ Il faut changer le papier   d. la concierge.
⑤ Elle a mis des cartons dans   e. les toits.

> 정답 완전한 문장이 되도록 연결시켜보시오.
> ① c 나는 같은 층에 사는 이웃들도 모른다. ② d 나는 건물 관리인실을 찾고 있다.
> ③ e 지붕 밑에 다락방이 있다. ④ a 벽지를 바꿔야 한다. ⑤ b 그녀는 박스들을 광에 넣었다.

Test 4

De quoi parle-t-on?

① C'est dans cet objet qu'on met le courrier. C'est _____.

② On la glisse dans la serrure. C'est _____.

③ On y accroche les manteaux. C'est _____.

> 정답 무엇에 대해 말하는가?
> ① la boîte aux lettres 우편물을 넣는 우편함 ② la clé 자물쇠에 밀어 넣는 열쇠
> ③ le portemanteau 외투를 거는 옷걸이

Test 5

Complétez.

① On ouvre les _____ pour avoir de l'eau chaude ou froide.

② On place les cintres dans la _____.

③ Dans la maison, on met des _____ aux fenêtres.

> 정답 다음을 완성시키시오.
> ① robinets 더운 물이나 찬물이 나오도록 여는 것, 수도꼭지 ② penderie 어깨 모양의 옷걸이를 걸어두는 곳
> ③ rideaux 집에서 창문에 거는 커튼

Test 6

Dans quelle pièce se trouvent.

① le congélateur? _____

② le matelas? _____

③ le canapé? _____

> **정답** 다음은 어느 방에 있는가?
> ① la cuisine 냉장고 냉동실은 부엌에 ② la chambre 매트리스는 침실에 ③ le salon 소파는 거실에

Test 7

Choisissez la bonne réponse.

① Il y a un bain / une baignoire dans la salle de bains.

② J'ai posé des tapis / voilages sur le sol.

③ Il y a des draps / rideaux aux fenêtres.

> **정답** 바른 답을 고르시오.
> ① une baignoire 욕실에 욕조가 있다.
> ② tapis 나는 바닥에 양탄자를 깔았다.
> ③ rideaux 창문에 커튼이 있다.

Test 8

Vrai ou faux?   Vrai   Faux

① La moquette est sur le sol.   ☐   ☐

② On peut mettre des fleurs sur le rebord des fenêtres. ☐   ☐

③ Il y a des voilages au sol.   ☐   ☐

> **정답** 참인가 거짓인가?
> ① V 모케트는 바닥에 깔려있다.
> ② V 창문의 가장자리에 꽃을 놓을 수 있다.
> ③ F 바닥에 가구 씌우는 천이 있다.

Test 9

Remettez les phrases dans un ordre logique.

① Il signe un nouveau bail.

② Il décide de déménager.

③ Il va à l'agence immobilière.

④ Il emménage dans le nouvel appartement.

⑤ Il visite plusieurs appartements.

> 정답 다음 문장을 바른 순서로 놓으시오.
> ② 그는 이사하기로 결심한다. ③ 그는 부동산 중개업소에 간다.
> ⑤ 그는 몇 곳의 아파트를 가본다. ① 그는 새 임대차 계약서에 서명한다.
> ④ 그는 새 아파트로 이사 온다.

Test 10

Complétez.

① C'est le prix qu'on paye pour être locataire. C'est le _____.

② C'est la personne qui possède l'appartement. C'est le ou la _____.

③ Ce sont les professionnels qui aident à déménager. Ce sont les _____.

> 정답 다음 문장을 완성시키시오.
> ① loyer 세입자로 있기 위해 내야하는 돈, 임대료
> ② propriétaire 아파트 소유자, 집주인
> ③ déménageurs 전문적으로 이사를 도와주는 이삿짐센터 사람들

Test 11

Répondez par le contraire.

① L'appartement est en bon état ?   – Non, il est _____.

② Basile déménage ?   – Non, il _____.

③ L'appartement est grand ?   – Non, il est _____.

> **정답** 반대로 답해보시오.
> ① en mauvais état 아파트는 상태가 좋은가요? 아뇨, 나쁩니다.
> ② emménage 바질은 이사 가나요? 아뇨, 이사 옵니다.
> ③ petit, minuscule 아파트는 큰 가요? 아뇨, 작아요.

Test 12

Associez une situation et une expression imagée.

① Florence ne sourit jamais.
② Margot n'est pas discrète.
③ Romain fête sa nouvelle maison.
④ C'est clair que Nadège a fait un gros mensonge.

a. C'est gros comme une maison.
b. Il pend la crémaillère.
c. Elle crie tout sur les toits.
d. Elle est aimable comme une porte de prison.

> **정답** 다음 상황과 비유 표현을 연결시켜보시오.
> ① d 플로랑스는 전혀 웃지 않는다. 그녀는 아주 침통해한다.
> ② c 마르고는 신중하지 않다. 모든 것을 사람들에게 떠든다.
> ③ b 로맹은 새집을 사서, 집들이를 한다.
> ④ a 나데쥬가 엄청나게 거짓말을 한 것은 분명하다.

13 일상생활

Test 1

Choisissez la bonne réponse.

① Ils mettent / se mettent la table.

② Elle se sert / sert le dîner.

③ Ils sont / ont à table.

> **정답** 바른 답을 골라보시오.
> ① mettent 그들은 식탁을 차린다. ② sert 그녀는 저녁식사를 내놓는다.
> ③ sont 그들은 식사하려고 식탁에 앉았다.

Test 2

Vrai ou faux?   Vrai   Faux

① Nous passons à table = Nous essuyons la vaisselle.   ☐   ☐

② Il fait la vaisselle. = Il lave les assiettes.   ☐   ☐

③ Nous nous mettons à table. = Nous mettons le couvert. ☐   ☐

> **정답** 참인가 거짓인가?
> ① F 우리는 식탁으로 간다. 우리는 설거지를 한다.
> ② V 그는 설거지를 한다. 그는 식기를 닦는다.
> ③ F 우리는 식사를 시작한다. 우리는 식탁을 차린다.

Test 3

Éliminez l'intrus.

① éponge / torchon / lave-vaisselle

② s'habiller / se coucher / s'endormir

③ mettre la table / être à table / mettre le couvert

④ préparer le repas / se préparer / cuisiner

> **정답** 관련 없는 말을 가려내시오.
> ① lave-vaisselle 식기 세척기 ② s'habiller 옷을 차려입다 ③ être à table 식사하러 식탁에 앉다.
> ④ se préparer 준비하다, 각오하다

Test 4

Répondez par le contraire.

① Il se réveille? – Non, il _____.

② Il s'habille? – Non, il _____.

③ Il va au travail? – Non, il _____.

> **정답** 반대로 대답해보시오.
> ① s'endort 그는 잠 깼나요? 아뇨, 잠듭니다. ② se déshabille 그는 옷을 입나요? 아뇨, 옷을 벗습니다.
> ③ rentre à la maison 그는 일하러 가나요? 아뇨, 집에 돌아옵니다.

Test 5

Complétez.

① Pour me laver les dents, je prends ma _____ à _____.

② Pour me laver les cheveux, j'utilise du _____.

③ Je me sèche les cheveux avec un _____ – _____.

④ Je me peigne avec un _____.

> **정답** 다음을 완성시키시오.
> ① brosse à dents 이를 닦기 위해 나는 칫솔을 이용한다. ② shampooing 머리를 감기 위해 나는 샴푸를 사용한다. ③ sèche-cheveux 나는 헤어 드라이어로 머리를 말린다. ④ peigne 나는 빗으로 머리를 빗는다.

Test 6

Trouvez le nom de l'objet correspondant aux verbe suivants.

① Se raser — Le _____.

② Se brosser — Le _____.

③ Se peigner — Le _____.

> **정답** 다음 동사에 해당하는 명사를 찾으시오.
> ① rasoir 면도하다 → 면도기 ② brosse 닦다 → 솔 ③ peigne 머리를 빗다 → 빗

Test 7

Choisissez la bonne réponse.

① J'enlève la poussière avec un chiffon / balai-brosse.

② Nous faisons / passons l'aspirateur.

③ Elle étend / attend le linge.

> **정답** 바른 답을 골라보시오.
> ① chiffon 나는 걸레로 먼지를 닦아낸다. ② passons 우리는 진공청소기로 청소한다.
> ③ étend 그녀는 빨래를 널어놓는다.

Test 8

Remettez les phrases dans l'ordre.

① Je repasse le linge.

② Je plie le linge.

③ J'étends le linge.

④ Je range le linge.

⑤ Je lave le linge.

⑥ Je ramasse le linge.

> **정답** 다음 문장들을 바른 순서로 놓아보시오.
> ⑤ 나는 빨래를 한다. ③ 나는 빨래를 널어놓는다. ⑥ 나는 빨래를 걷는다.
> ① 나는 빨래를 다린다. ② 나는 빨래를 접는다. ④ 나는 빨래를 정돈한다.

Test 9

Complétez par un verbe approprié.

① Elle _____ l'aspirateur.

② Il _____ les vitres.

③ Elle _____ du repassage.

> **정답** 알맞은 동사로 완성시키시오.
> ① passe 그녀는 진공청소기로 청소한다. ② fait 그는 유리창을 깨끗이 한다. ③ fait 그녀는 다림질을 한다.

14 학교

Test 1

Éliminez l'intrus.

① maître / insituteur / professeur

② collégien / enseignant / lycéen

③ diplôme / bac / école

④ collège / université / faculté

> **정답** 관련 없는 말을 가려내시오.
> ① professeur 중학교 이상의 교사, 교수 ② enseignant 교원 ③ école 학교 ④ collège 중학교

Test 2

Associez, pour constituer une phrase complète.

① Il a de mauvais résultats, il a dû   a. à l'université.

② Paul, au contraire,   b. au collège.

③ Ils sont étudiants   c. redoubler.

④ Il a fait   d. est passé en 3e.

⑤ Elle a 13 ans, elle est   e. ses études à Bordeaux.

> **정답** 완전한 문장을 만들기 위해 연결해보시오.
> ① c 그는 성적이 나빠서 낙제해야 했다. ② d 뽈은 반대로 고1로 진급했다.
> ③ a 그들은 대학생이다. ④ e 그는 보르도에서 공부했다.
> ⑤ b 그녀는 13세고 중학교에 다닌다.

Test 3

Choisissez la bonne réponse.

① Félix est professeur?   a. Oui, en maternelle.
　　　　　　　　　　　　　　b. Oui, en faculté.

② Mathilde est écolière?   a. Oui, en primaire.
　　　　　　　　　　　　　　b. Oui, dans une grande école.

③ Ils sont collégiens?   a. Non, ils sont lycéens.
　　　　　　　　　　　　　b. Oui, en faculté.

④ Grégoire entre à l'université?   a. Oui, puisqu'il va au collège.
　　　　　　　　　　　　　　　　　　b. Oui, puisqu'il a eu son bac.

⑤ Hélène est étudiante?   a. Oui, au lycée.
　　　　　　　　　　　　　b. Oui, à l'université

> 정답 바른 답을 골라보시오.
> ① b 펠릭스는 교수/교사인가요? 네, 대학교수입니다.
> ② a 마띨드는 초등학생인가요? 네, 초등학생입니다.
> ③ a 그들은 중학생인가요? 아니오, 고교생입니다.
> ④ b 그레과르는 대학에 들어가나요? 네, 대학입학 자격시험을 통과했어요.
> ⑤ b 엘렌은 대학생인가요? 네, 대학생입니다.

Test 4

Complétez.

① Nicolas a 4 ans, il va à l' _____.

② Solène a 21 ans, elle est étudiante à l' _____.

③ Julien a 7 ans, il est à l' _____.

> 정답 다음 문장을 완성시키시오.
> ① école maternelle 니꼴라는 4세이고, 그는 유아원에 간다.
> ② université 솔렌느는 21세이고 대학생이다.
> ③ école primaire 쥴리엥은 7세이고 초등학교에 다닌다.

Test 5

Vrai ou faux?   Vrai   Faux

① La fin de l'année scolaire est en septembre.   □   □

② Les élèves mangent à la cantine.   □   □

③ Le professeur écrit au tableau.   □   □

④ Les élèves peuvent jouer pendant les cours.   □   □

> 정답 참인가 거짓인가?
> ① F 학년말은 9월이다. ② V 학생들은 구내식당에서 식사한다. ③ V 선생님은 칠판에 쓴다.
> ④ F 학생들은 수업시간 동안 놀 수 있다.

Test 6

Éliminez l'intrus.

① crayon / feutre / stylo-bille / stylo-plume

② cahier / feuilles / classeur / cartable

③ trousse / crayon / gomme / taille-crayon

> 정답 관련 없는 말을 가려내보시오.
> ① crayon 연필 ② cartable 책가방 ③ trousse 상자, 케이스

Test 7

Complétez par un verbe approprié.

① Un élève _____ sa leçon.

② Paul _____ madame Pinchon en français.

③ La petite Aude _____ à écrire à l'école primaire.

> 정답 알맞은 동사로 완성시켜보시오.
> ① apprend 학생은 학과내용을 배운다.
> ② a 뽈의 프랑스어 선생님은 뺑숑 부인이다.
> ③ apprend 꼬마 오드는 초등학교에서 읽기를 배운다.

70 PARTIE 01

Test 8

Complétez par <<apprend>> ou <<apprend à>>.

① L'élève _____ lire.

② Le professeur _____ le calcul aux élèves.

③ Louis _____ sa leçon.

> 정답 apprend 또는 apprend à로 완성시키시오.
> ① apprend à 학생은 읽기를 배운다. ② apprend 선생님은 학생들에게 셈을 가르쳐준다.
> ③ apprend 루이는 자신의 학과 내용을 익힌다.

Test 9

Éliminez l'intrus.

① lecture / économie / dictée / orthographe

② droit / physique / chimie / mathématiques

③ sociologie / médecine / psychologie / philosophie

> 정답 관련 없는 말을 가려내시오.
> ① économie 경제학 ② droit 법학 ③ médecine 의학

Test 10

Associez (plusieurs solutions sont parfois possibles).

① physique

② calcul

③ récréation   a. école primaire

④ langue vivante   b. lycée

⑤ cantine   c. université

⑥ lecture

> 정답 연결시켜보시오(여러가지 가능성이 있음)
> a 초등학교 : ② 계산 ③ 레크레이션 ⑤ 구내식당 ⑥ 독서
> b 고등학교 : ① 물리 ③ 레크레이션 ④ 언어 ⑤ 구내식당   c 대학교 : ① 물리 ④ 언어

Test 11

Associez une question et une réponse.

① Tu as eu combien?   a. Non, très mauvais.
② Il est admis?   b. Non, il bavarde tout le temps.
③ Tu as manqué un cours?   c. 14/20.
④ Tu es bon en maths?   d. Oui, j'étais malade.
⑤ Il est sage?   e. Non, il est recalé.

> **정답** 질문과 대답을 연결시키시오.
> ① c 너 몇 점 받았니? 20점 만점에 14점. ② e 그는 합격했니? 아니, 불합격했어. ③ d 너 결석했니? 응, 아팠어. ④ a 너 수학 잘하니? 아니, 아주 못해. ⑤ b 그는 똑똑하니? 아니, 늘 떠들기만 해.

Test 12

Choisissez la bonne réponse.

① Le professeur donne / fait des devoirs.
② L'élève a / met une note.
③ L'étudiant fait / prend un cours.

> **정답** 바른 답을 골라보시오.
> ① donne 선생님은 숙제를 내준다. ② a 학생은 성적을 받는다. ③ prend 학생은 강의를 듣는다.

Test 13

Choisissiez les terms possibles.

① Elle fait / interroge / prend / suit / prépare un cours.
② Elle met / apprend / enseigne / révise / revoit sa leçon.
③ Il prend / met/donne / étudie / a une bonne note.

> **정답** 사용 가능한 용어를 골라보시오.
> ① fait 수업을 하고, prend 수강하고, suit 따라가고 , prépare 준비한다 ② apprend 배우고, révise 복습하고, revoit 다시 본다 ③ met 채점하고, donne 성적을 주고, a 성적을 받는다

15 직업

Test 1

Donnez le féminin des noms de métier suivants.

① Un traducteur — Une _____.

② Un technicien — Une _____.

③ Un avocat — Une _____.

④ Un caissier — Une _____.

⑤ Un serveur — Une _____.

> **정답** 다음 직업들의 여성형을 쓰시오.
> ① traductrice 통번역사 ② technicienne 기술자 ③ avocate 변호사 ④ caissière 계산원
> ⑤ serveuse 웨이트리스

Test 2

Associez un nom de profession et une explication.

① Il est libraire.   a. Elle fait des illustrations.

② Il est chirurgien.   b. Elle travaille dans une école primaire.

③ Elle est chef d'entreprise.   c. Il vend de la viande.

④ Elle est instit.   d. Il vend des livres.

⑤ Il est serveur.   e. Elle travaille dans un hôpital.

⑥ Elle est dessinatrice.   f. Il opère des patients.

⑦ Il est boucher.   g. Elle dirige une société.

⑧ Elle est sage-femme.   h. Il travaille dans un restaurant.

> 정답 **직업 명칭과 설명을 연결하시오.**
> ① d 서점주인, 그는 책을 판다. ② f 외과의사, 환자들을 수술한다. ③ g 기업대표, 회사를 운영한다.
> ④ b 초등학교 교사, 초등학교에서 일한다. ⑤ h 웨이터, 식당에서 일한다.
> ⑥ a 디자이너, 일러스트레이션을 한다. ⑦ c 정육점에서 일하는 사람, 고기를 판다.
> ⑧ e 조산사(助産師), 병원에서 일한다.

Test 3

Vrai ou faux?   Vrai   Faux

① Il est poissonnier, donc il est commerçant.   ☐   ☐
② Elle est infirmière dans un hôpital,   ☐   ☐
   donc elle est fonctionnaire.
③ Il est écrivain, donc il est artisan.   ☐   ☐
④ Elle a 70 ans, donc elle est chômeuse.   ☐   ☐

> 정답 **참인가 거짓인가?**
> ① V 생선장수, 그는 상인이다. ② V 병원(국공립)의 간호사, 그녀는 공무원이다.
> ③ F 작가, 그는 장인(匠人)이다. ④ F 70세인 그녀, 실업자다.

Test 4

Complétez.

① Une vendeuse travaille dans un _____ ou une _____.
② Le chirurgien travaille à l'_____.
③ L'ouvrier travaille dans une _____.

> 정답 **다음을 완성시키시오.**
> ① magasin, boutique 점원은 상점 혹은 소규모 가게에서 일한다. ② hôpital 외과의사는 병원에서 일한다.
> ③ usine 노동자는 공장에서 일한다.

Test 5

Choisissez la bonne réponse.

① Il est fonctionnaire ?   a. Oui, il travaille au ministère.
　　　　　　　　　　　　　　b. Non, il est chômeur.

② Elle est cadre ?   a. Oui, dans une petite boutique.
　　　　　　　　　　　b. Oui, dans une grande entreprise.

③ Il est employé ?   a. Oui, de bureau.
　　　　　　　　　　　b. Oui, il est écrivain.

④ Elle est stagiaire ?   a. Oui, elle est au chômage.
　　　　　　　　　　　　b. Oui, dans une société d'informatique.

⑤ Il est étudiant ?   a. Oui, en entreprise.
　　　　　　　　　　　b. Oui, à l'université.

⑥ Il est commerçant ?   a. Oui, il est fleuriste.
　　　　　　　　　　　　b. Oui, dans une banque.

> **정답** 바른 답을 골라보시오.
> ① a 그는 공무원인가요? 네, 정부 부처(部處)에서 일합니다.
> ② b 그녀는 간부사원인가요? 네, 대기업에서요.
> ③ a 그는 직원인가요? 네, 사무실에서 일합니다.
> ④ b 그는 연수생인가요? 네, 정보처리 회사에서요.
> ⑤ b 그는 학생인가요? 네, 대학생입니다.
> ⑥ a 그는 상인인가요? 네, 꽃장사입니다.

Test 6

Choisissiez la bonne réponse.

① Vous exercez / travaillez dans quoi?

② C'est / Il est un bon journaliste.

③ Qu'est-ce que vous faites / avez comme métier?

> **정답** 바른 답을 골라보시오.
> ① travaillez 당신은 어떤 일을 하시나요? ② C'est 그는 훌륭한 기자입니다. ③ faites 어떤 일을 하시나요?

Test 7

Associez, pour constiteur une phrase complète.

① Elle est professeur   a. des gardes de nuit dans un supermarché.
② Il s'occupe   b. dans l'informatique.
③ Il travaille   c. dans un lycée professionnel.
④ Il fait   d. comme peintre chez un artisan.
⑤ Elle est   e. de l'organisation de congrès.

> **정답** 완전한 문장이 되도록 연결시켜보시오.
> ① c 그녀는 직업 고교 교사이다. ② e 그는 대규모 회의 기획을 맡고 있다.
> ③ d 그는 장인(匠人)의 집에서 화가로 일하고 있다 ④ a 그는 슈퍼마켓에서 야간 경비로 일하고 있다.
> ⑤ b 그녀는 정보처리 일을 하고 있다.

Test 8

Ajoutez, seulement si c'est nécessaire, <<un>>, <<une>>, <<le>>, <<la>>.

① C'est _____ professeur de mes enfants.
② C'est _____ médecin qui s'est occupé de moi.
③ Il travaille comme _____ réceptionniste.

> **정답** 필요하다면 제시된 표현 가운데 하나를 첨가하시오.
> ① le 그는 내 아이들의 선생님이다. ② le 그가 나를 맡아서 치료한 의사다.
> ③ (rien, 공란으로 둠) 그는 프론트데스트 담당자로 일한다.

Test 9

Complétez par un verbe.

① Dominique _____ un remarquable professeur.
② Alain _____ comme informaticien dans une bibliothèque.
③ Irène _____ publiciste.

> **정답** 동사로 완성시키시오.
> ① est 도미니크는 대단히 훌륭한 선생님이다. ② travaille 알랭은 도서관의 정보처리 담당자로 일한다.
> ③ est 이렌은 광고제작자이다.

16 테크놀로지

Test 1

Répondes par le contraire.

① Il allume l'ordinateur?   – Non, il l' _____.

② Tu fermes un fichier?   – Non, je l' _____.

③ Elle branche l'ordinateur?   – Non, elle le _____.

> **정답** 반대로 대답하시오.
> ① éteint 그는 컴퓨터를 켜나요? 아니오, 컴퓨터를 끕니다.
> ② ouvre 너는 파일을 닫니? 아니, 나는 파일을 연다.
> ③ débranche 그녀는 컴퓨터를 연결시키나요? 아니오, 접속을 끊습니다.

Test 2

Trouvez un synonyme aux mot soulignés.

① J'ai changé de <u>programme</u>.   _____.

② Il <u>interroge</u> une banque de données.   _____.

③ Je <u>mets</u> un CD Rom dans l'ordinateur. _____.

> **정답** 밑줄 친 단어의 동의어를 찾아보시오.
> ① logiciel 소프트웨어. 나는 프로그램을 바꿨다.
> ② consulte 나는 데이터를 검색한다.
> ③ introduis 나는 컴퓨터에 CD롬을 집어넣는다.

Test 3

Choisissiez les terms possibles.

① On peut brancher/saisir/allumer/éteindre/imprimer un ordinateur.

② On saisit/informatise/enregistre/branche/imprime un texte.

③ On efface/débranche/saisit/stocke/éteint des données.

④ On informatise/consulte/imprime/interroge une banque de données.

> 정답 사용 가능한 용어를 골라보시오.
> ① brancher 접속하다, allumer 켜다, éteindre 끄다
> ② saisit 자료를 입력하다, enregistre 등록하다, imprime 인쇄하다
> ③ efface 삭제하다, saisit 입력하다, stocke 저장하다　④ consulte 참조하다, interroge 검색하다

Test 4

Associez les phrases de même sens.

① Ça sonne occupé.　　　　　　　a. Je cherche un numéro de téléphone.

② Je téléphone à un ami.　　　　 b. Mon ami répond.

③ Je cherche dans le bottin.　　　c. Mon ami est déjà au téléphone.

④ J'ai envoyé une télécopie.　　　d. Je passe un coup de fil à un ami.

⑤ Mon ami ne répond pas.　　　 e. J'ai faxé un document.

⑥ Mon ami décroche.　　　　　　f. Il n'y a personne.

> 정답 같은 의미의 문장끼리 연결하시오.
> ① c 통화중 신호음이 울린다. 내 친구가 이미 통화하고 있다.　② d 나는 내 친구에게 전화한다.
> ③ a 나는 전화번호부에서 전화번호를 찾는다.　④ e 나는 팩스를 보냈다.
> ⑤ f 내 친구는 전화를 받지 않는다.　⑥ b 내 친구가 전화를 받는다.

Test 5

Choisissiez les terms possibles.

① J'ai envoyé / passé / reçu / appelé un coup de fil.

② Il a envoyé un fax / une télécopie / un coup de téléphone.

③ Elle compose / décroche / raccroche / tombe le combiné.

> **정답** 사용 가능한 용어를 골라보시오.
> ① passé/reçu 전화를 걸다, 전화를 받다 ② un fax/une télécopie 팩스
> ③ décroche/raccroche 전화를 받다, 전화를 끊다

Test 6

Complétez.

① Pierre n'est pas là, j'ai laissé un _____ sur son _____.

② Je cherche son numéro dans l' _____.

③ Tous les deux mois, nous payons notre _____ de téléphone.

> **정답** 문장을 완성시키시오.
> ① message, répondeur 삐에르가 부재중이라서, 나는 그의 자동응답기에 메시지를 남겼다.
> ② l'annuaire 나는 전화번호부에서 그의 전화번호를 찾는다.
> ③ facture 2개월에 한번 씩 우리는 전화요금을 납부한다.

Test 7

Associez, pour constituer une phrase compléte.

① Il a acheté une chaîne pour   a. pouvoir écouter de la musique fort.

② Il allume la radio pour   b. regarder des cassettes vidéo.

③ Il a un caméscope pour   c. écouter des disques compacts.

④ Elle a un magnétoscope pour   d. écouter les nouvelles dans sa voiture.

⑤ Ils ont un casque pour   e. filmer ses vacances.

> **정답** 완전한 문장이 되도록 연결시키시오.
> ① c 그는 CD를 듣기 위해 콤포넌트를 구입했다.
> ② d 그는 차 안에서 뉴스를 듣기위해 라디오를 켰다.
> ③ e 그는 자신의 휴가를 촬영하기 위해 비디오카메라를 샀다.
> ④ b 그는 비디오카세트를 보기위해 비디오 녹화기를 샀다.
> ⑤ a 그는 음악을 크게 듣기 위해 헤드폰을 샀다.

Test 8

Vrai ou faux?   Vrai   Faux

① On peut zapper. quand on regarde la télévision.   ☐   ☐

② Avec un magnétophone. on peut regarder   ☐   ☐
　 des cassettes vidéo.

③ On peut avoir plusieurs postes de télévision.   ☐   ☐

> 정답 참인가 거짓인가?
> ① V TV를 볼 때 리모콘으로 이리저리 돌릴 수 있다.　② F 녹음기로 비디오테이프를 볼 수 있다.
> ③ V 여러 대의 TV수상기를 소유할 수 있다.

Test 9

Trouvez un synonyme aux expressions soulignées.

① Il a un électrophone. _____.

② Ils regardent le journal télévisé. _____.

③ Il a acheté une caméra vidéo. _____.

> 정답 밑줄 친 표현의 동의어를 찾아보시오.
> ① tourne-disque 그는 전축을 가지고 있다.　② les informations 그는 TV 뉴스를 본다.
> ③ un caméscope 그는 비디오카메라를 구입했다.

Test 10

De quel objet parle-t-on?

① Cela permet de monter ou baisser le son à distance.

② C'est nécessaire pour jouer à des jeux vidéos.

③ On appuie dessus pour allumer la télévision.

> 정답 다음은 무엇에 대해 말하고 있는가?
> ① une télécommande 리모콘. 멀리서 음량을 높이거나 줄인다.
> ② une console de jeux 게임기. 비디오 게임을 위해 갖추어야 하는 것
> ③ le bouton 버튼. TV를 켜기 위해 눌러야하는 것

17 커뮤니케이션

Test 1

Associez une question et une réponse.

① Tu veux un thé?
② Qu'est-ce que je te sers?
③ Tu es libre, samedi soir?
④ Si on allait à la mer, dimanche?
⑤ Tu veux que je t'aide?

a. Oui, c'est une bonne idée!
b. Non, merci, ce n'est pas la peine.
c. Oui, je veux bien,
d. Un café, s'il te plaît.
e. Non, désolé, je suis pris.

> **정답** 질문과 대답을 연결해보시오.
> ① c 차를 원하니? 그래, 좋아.
> ② d 무엇을 줄까? 커피 한잔 부탁해
> ③ e 토요일 저녁에 시간 있니? 미안해, 스케줄이 이미 있어.
> ④ a 일요일에 바다에 가는 것, 어때? 그래, 좋은 생각이다.
> ⑤ b 도와줄까? 아니, 됐어. 그럴 필요 없어.

Test 2

Éliminez l'intrus.

① Volontiers. / Avec plaisir. / Je vais voir.
② Que je suis déçu ! / Ce n'est pas la peine! / Quel dommage!
③ Je suis pris. / Je n'ai rien de prévu. / Je ne suis pas libre.

> **정답** 관련 없는 말을 가려내시오.
> ① Je vais voir 생각해볼게요.
> ② Ce n'est pas la peine ! 그럴 필요 없어요.
> ③ Je n'ai rien de prévu. 예정된 것은 아무 것도 없어요.

Test 3

Choisissez la bonne réponse.

① Ça ne me dit / fait rien!

② Je n'ai rien de libre / prévu.

③ Ça ne dit / fait rien !

④ Non, merci, c'est dommage / gentil.

> **정답** 바른 답을 골라보시오.
> ① dit 전혀 관심 없다.
> ② prévu 예정 된 바는 아무 것도 없다.
> ③ fait 괜찮습니다.
> ④ gentil 됐습니다, 사양할게요. 감사합니다.

Test 4

Trouvez une question.

① _____? – Non, merci, je viens de prendre du café.

② _____? – Oui, c'est vraiment gentil de ta part!

③ _____? – Non, merci!

④ _____? – Malheuresement, non!

⑤ _____? – C'est une bonne idée!

> **정답** 질문을 만들어보시오.
> ① Tu veux boire quelque chose? 뭐 좀 마실래? / Vous voulez un café-crème? 크림 커피 드실래요?
> ② Tu veux que je t'aide à porter ces cartons? 박스들 나르는 것 도와줄까?
> ③ Tu veux de l'eau? 물 줄까? / Vous voulez du vin? 와인 드실래요?
> ④ Tu es libre, samedi soir? / Vous êtes libre? 토요일 저녁에 시간 있나요?
> ⑤ Si on allait dîner au restaurant, ce soir? 오늘 저녁에 레스토랑에 가서 식사하는 것 어때?

Test 5

Remettez la dialogue suivant dans l'ordre.

① Oui, c'est de la part de qui ?

② Non, merci, je rappellerai plus tard.

③ Ne quittez pas, je vous la passe.(...) Son poste ne répond pas, vous patientez ?

④ Didier Duroy.

⑤ Allô, bonjour, je voudrais parler à Louise Letellier, s'il vous plaît.

> 정답 다음 대화를 순서대로 정돈해보시오.
> ⑤ 여보세요, 안녕하세요. 루이즈 르텔리에와 통화하고 싶은대요.
> ① 네, 누구세요?
> ④ 디디에 뒤롸입니다.
> ③ 잠깐만 기다리세요. 바꿔드릴게요. 전화를 받지 않는데, 끊지말고 기다려보세요.
> ② 네, 됐습니다. 다음번에 다시 하겠습니다.

Test 6

Trouvez une autre manière de dire.

① Son poste ne répond pas. _____

② Je voudrais parler à Anne, s'il vous plaît. _____

③ Vous avez fait erreur. _____

> 정답 달리 말해보시오.
> ① Il / Elle n'est pas là. 전화를 받지 않습니다.
>   Il / Elle est sorti(e). Il / Elle s'est absenté(e). 부재중입니다.
> ② Est-ce que je pourrais parler à Anne, s'il vous plaît? 안느와 통화할 수 있을까요?
> ③ Vous vous êtes trompé(e). 잘 못 거셨습니다.

Test 7

Complétez les dialogues.

•Dialogue 1

① Allô, bonjour, est-ce que je _____ parler à Chantal, s'il vous plaît?

② Oui, ne _____ pas, je vous la _____.

③ Je suis désolé, son poste ne _____ pas. Vous voulez _____ un message?

④ Non, merci, je la _____ plus tard.

•Dialogue 2

⑤ Allô, je suis _____ chez madame Vincent?

⑥ Ah non, monsieur, vous vous êtes _____ de numéro.

•Dialogue 3

⑦ Est-ce que monsieur Cadiou a vos _____?

⑧ Non, il peut me _____ au 01 47 45 11 88

정답 대화를 완성시켜보시오.
① pourrais 여보세요, 샹딸과 통화할 수 있을까요?
② quittez, passe 네, 잠깐만 기다리세요. 바꿔드릴게요.
③ répond, laisser 죄송한데 전화를 안 받습니다. 메시지를 남겨드릴까요?
④ rappellerai 아니오 됐습니다. 다시 걸겠습니다.
⑤ bien 뱅쌍 부인 댁 맞습니까?
⑥ trompé 아닙니다. 잘 못 거셨습니다.
⑦ coordonnées 까디유 씨가 선생님 연락처를 아시나요?
⑧ rappeler / joindre 이 번호로 제게 전화하실 수 있습니다.

Test 8

Choisissez la bonne réponse.

① Je pose/demande une question à mon professeur.

② Il dit/donne une explication.

③ Ils ont pris/dit la vérité.

④ J'ai eu/pris un entretien avec le directeur.

> **정답** 바른 답을 골라보시오.
> ① pose 선생님께 질문하겠습니다. ② donne 그가 설명한다. ③ dit 그들이 사실을 말했다.
> ④ eu 나는 사장과 대담을 나누었다.

Test 9

Associez, pour constituer une phrase complète.

① Il ne dit pas la vérité, il   a. un entretien important.
② Elle ne connaît pas le sujet de   b. dans la rue.
③ Il ne dit rien, il   c. une explication très claire.
④ Ils ont pris   d. ment.
⑤ Elle raconte   e. sa réponse.
⑥ Ils apportent   f. la conversation.
⑦ Ils ont eu   g. des nouveaux projets.
⑧ Je ne comprends pas   h. se tait.
⑨ Nous avons parlé   i. des histoires à son fils.
⑩ Elles ont bavardé   j. un rendez-vous.

> **정답** 완전한 문장이 되도록 연결시키시오.
> ① d 그는 진실을 말하지 않는다. 거짓말한다.
> ② f 그는 대화의 주제를 알지 못한다.
> ③ h 그는 아무 말 않고 가만히 있다.
> ④ j 그들은 만날 약속을 했다.
> ⑤ i 그는 아들에게 이야기를 한다.
> ⑥ c 그들은 명쾌한 설명을 한다.
> ⑦ a 그들은 중요한 면담을 가졌다.
> ⑧ e 나는 그의 답변을 이해하지 못한다.
> ⑨ g 우리는 새로운 계획에 대해 말했다.
> ⑩ b 그 여자들은 길에서 수다를 떨었다.

Test 10

Complétez par un verbe.

① Quentin _____ une question à Fabrice.

② Fabrice _____ à la question.

③ Quentin ne _____ pas la réponse de Fabrice.

> **정답** 동사로 완성시켜보시오.
> ① pose 깡땡은 파브리스에게 질문한다. ② répond 파브리스는 질문에 대답한다.
> ③ comprend 깡땡은 파브리스의 대답을 이해하지 못한다.

Test 11

Associez les phrases de même sens.

① Je suis d'accord avec toi.

② Je crois que c'est une bonne idée.

③ Je voudrais avoir ton opinion.

④ J'ai l'impression que c'est une bonne idée.

⑤ Je suis sûr que c'est une bonne idée.

⑥ D'après toi, c'est une bonne idée?

⑦ C'est une bonne idée, n'est-ce pas?

a. Quel est ton point de vue?

b. A ton avis, c'est une bonne idée?

c. C'est une bonne idée, non?

d. Je suis certain que c'est une bonne idée.

e. Je pense que c'est une bonne idée.

f. Il me semble que c'est une bonne idée.

g. Tu as raison.

> **정답** 같은 의미의 문장끼리 연결하시오.
> ① g 너와 동의한다. 네가 좋다.
> ② e 좋은 생각이라고 판단한다. 좋은 아이디어다.
> ③ a 너의 의견을 듣고 싶다. 너의 관점은 무엇이니?
> ④ f 좋은 생각 같다. 좋은 생각처럼 보인다.
> ⑤ d 좋은 생각으로 확신한다. 좋은 생각임에 분명하다.
> ⑥ b 네가 보기에는 좋은 생각이니? 네, 의견으로는 좋은 생각이니?
> ⑦ c 좋은 생각이지, 그렇지? 좋은 생각 아냐?

Test 12

Vrai ou faux?   Vrai   Faux

① Il me coupe la parole. = il m'interrompt.   ☐   ☐
② Je ne suis pas d'accord avec toi. =   ☐   ☐
   Je ne connais pas ton point de vue.
③ Tu as tort. = Je suis de ton avis.   ☐   ☐
④ Ils prennent la parole. = Ils interviennent.   ☐   ☐

> **정답** 참인가 거짓인가?
> ① V 그는 내 말을 끊는다. 내 말에 끼어든다.
> ② F 나는 너와 동의하지 않는다. 나는 너의 관점을 모른다.
> ③ F 네가 잘못 생각한다. 나는 네 의견과 일치한다.
> ④ V 그들이 발언한다. 그들이 참여해서 말한다.

Test 13

Choisissez le(s) terme(s) possible(s).

① Vous pensez / croyez / connaissez?
② Je suis / ai / connais d'accord avec lui.
③ J'aimerais être / prendre / avoir / connaître ton avis sur ce sujet.
④ Il croit / prend / demande / est / a la parole.

> **정답** 사용 가능한 용어를 골라보시오.
> ① pensez, croyez 그렇게 생각하세요?
> ② suis 너와 동의한다.
> ③ avoir, connaître 이 주제에 대한 너의 생각을 알고 싶다.
> ④ prend 발언한다, demande 발언을 요청한다, a 발언권을 갖는다.

18 성격과 개성

Test 1

Complétez.

① Il _____ d'une grande générosité.

② _____ quelqu'un d'intelligent.

③ Il _____ bon caractère.

④ Elle _____ une forte personnalité.

> **정답** 문장을 완성시키시오.
> ① est 그는 매우 관대하다. ② C'est 그는 지적인 사람이다. ③ a 그는 성격이 좋다.
> ④ a 그녀는 강한 개성을 갖고 있다.

Test 2

Associez les phrases de sens équivalent.

① Il est d'une grande patience.   a. Il est maladroit comme tout.

② Il n'est pas patient.   b. Elle n'est vraiment pas intelligente.

③ Elle n'est pas idiote du tout.   c. Il est très patient.

④ Elle n'est pas antipathique.   d. Elle est assez intelligente.

⑤ Il est d'une grande maladresse.   e. Il est impatient.

⑥ Elle est d'une bêtise!   f. Elle est assez sympa.

> **정답** 같은 의미를 가진 문장끼리 연결시키시오.
> ① c 그는 대단한 인내력을 갖고 있다. ② e 그는 참을성이 없다.
> ③ d 그녀는 절대로 바보가 아니다. ④ f 그녀는 사람이 참 좋다.
> ⑤ a 그는 매우 서툴다. ⑥ b 그녀는 정말로 멍청하다.

Test 3

Trouvez le nom qui correspond aux adjectifs suivants.

① patient

② timide

③ bête

④ cultivé

⑤ maladroit

> 정답 다음 형용사에 해당되는 명사를 찾아보시오.
> ① la patience 참을성, 인내 ② la timidité 소심함, 우유부단함 ③ la bêtise 어리석은 짓, 우둔함
> ④ la culture 경작, 재배, 문화, 교양 ⑤ la maladresse 서투름, 어설픔

Test 4

Vrai ou faux?   Vrai   Faux

① Il est bavard. = Il est très réservé.   ☐   ☐

② Il est ennuyeux. = Il n'est pas ouvert.   ☐   ☐

③ Elle est profonde. = Elle n'est pas superficielle.   ☐   ☐

④ Il est hypocrite. = Il n'est pas franc.   ☐   ☐

> 정답 참인가 거짓인가?
> ① F 그는 수다스럽다. 그는 매우 신중하다. ② F 권태롭게 한다. 열린 성격이 아니다.
> ③ V 깊이 있다. 피상적이 아니다. ④ V 위선적이다. 솔직하지 않다.

Test 5

Répondez en utillisant l'adjectif approprié.

① Elle voit le bon côté des choses?   – Oui, elle est _____

② Elle parle beaucoup?   – Oui, elle est _____

③ Il donne facilement?   – Oui, il est très _____

④ Il est nerveux?   – Non, au contraire, il est _____

⑤ Il est intelligent?   – Non, au contraire, il est _____

> **정답** 알맞은 형용사를 이용해 대답하시오.
> ① optimiste 낙관주의자 ② bavarde 수다스러운 ③ généreux 너그러운, 관대한
> ④ calme 차분한, 안정된 ⑤ bête 멍청한, 어리석은

Test 6

Trouvez le contraire des adjectifs suivants.

① franc

② froid

③ nerveux

④ intéressant

> **정답** 다음 형용사의 반대말을 찾아보시오.
> ① hypocrite 위선적인, 거짓된 ② chaleureux 열렬한, 뜨거운 ③ calme 차분한, 안정된
> ④ ennuyeux 지루하게 하는

19 금융기관

Test 1

Choisissez la bonne réponse.

① Il y a 10/100 centimes dans un euro.

② Je fais/prends l'appoint.

③ La caissière donne/rend la monnaie.

④ J'ai deux pièces/billets de 0,50€.

> **정답** 바른 답을 골라보시오.
> ① 100 1 유로는 100 상팀이다. ② fais 나는 잔돈으로 지불한다.
> ③ rend 계산대 담당자는 잔돈을 준다. ④ pièces 나는 0.5유로 짜리 동전 두 개를 갖고 있다.

Test 2

Complétez.

① Je mets les pièces dans mon _____.

② Désolé, je n'ai pas la _____, j'ai seulement un _____ de 50€.

③ J'ai besoin de deux pièces d'1€, je vais faire de la _____.

④ Il a mis ses billets dans son _____.

⑤ Ils ne sont pas pauvres, ils ont de _____.

> **정답** 문장을 완성시키시오.
> ① porte-monnaie 나는 동전지갑에 동전을 넣는다.
> ② la monnaie, billet 미안합니다. 동전이 없고 50유로짜리 지폐뿐입니다.
> ③ monnaie 1유로 동전 두 개가 필요해서 잔돈으로 바꿔야 합니다.
> ④ portefeuille 그는 지갑에 지폐들을 넣었다.

Test 3

Éliminez l'intrus.

① monnaie / appoint / argent

② paiement / espèces / règlement

③ pièces / espèces / liquide

④ billets / centimes / pièce

> **정답** 관련 없는 말을 가려내시오.
> ① argent 돈, 화폐 (나머지는 잔돈) ② espèces 현찰 (나머지는 지불)
> ③ pièces 동전 (나머지는 현찰) ④ centimes 상팀, 1/100 유로 (나머지는 돈)

Test 4

Remettez dans l'ordre les opérations suivants, qui permettent de prendre de l'argent au distributeur.

① Elle choisit le montant.

② Elle compose son code secret.

③ Elle arrive au distributeur.

④ Elle les met dans son portefeuille.

⑤ Elle introduit sa carte.

⑥ Elle prend ses billets.

⑦ Elle valide son code secret

⑧ Elle retire sa carte.

> **정답** 현금지급기로 돈을 찾는 동작을 순서대로 정돈해보시오.
> ③ 현금지급기에 도착한다.
> ⑤ 카드를 집어넣는다.
> ② 비밀번호를 누른다.
> ⑦ 비밀번호를 확인한다.
> ① 금액을 선택한다.
> ⑧ 카드를 꺼낸다.
> ⑥ 지폐를 받는다.
> ④ 지폐를 지갑에 넣는다.

Test 5

Choissiez la bonne réponse.

① Il fait / écrit un chèque.

② Nous voulons retirer / tirer de l'argent.

③ Elle compose / remplit un chèque.

④ On doit toujours valider / signer le chèque.

> **정답** 바른답을 고르시오.
> ① fait 수표에 서명하다, 수표를 발급하다. ② retirer 우리는 현금을 인출하고 싶습니다.
> ③ remplit 그녀는 수표를 발행한다. ④ signer 항상 수표에 서명해야 한다.

Test 6

Associez les phrases de sens équivalent.

① Il a un carnet de chèques.   a. Il a des dettes.

② Il écnomise de l'argent.   b. Il a un chéquier.

③ Il touche des intérêts.   c. Son compte est débiteur.

④ Il doit de l'argent.   d. Il a un compte d'argent

⑤ Son compte est à découvert.   e. Il met de l'argent de côté.

> **정답** 같은 의미의 문장끼리 연결하시오.
> ① b 그는 수표책을 갖고 있다. ② e 그는 돈을 저축한다. ③ d 그는 이자를 받는다.
> ④ a 그는 빚을 지고 있다. ⑤ c 그의 계좌는 적자다.

Test 7

Choissez la bonne réponse.

① Elle fait / met un emprunt à la banque.

② Il met de l'argent à / de côté.

③ Elle ouvre un compte courant / comptant.

④ Ils reçoivent l'emprunt / le relevé de compte.

19 금융기관

> 정답 바른 답을 고르시오.
> ① fait 그녀는 은행에서 대출을 받는다. ② de 그는 돈을 저축한다.
> ③ courant 그녀는 당좌(보통) 예금 계좌를 개설했다. ④ le relevé 그들은 은행 계좌의 출납명세서를 받는다.

Test 8

Choisissez la bonne réponse.

① Son compte est à découvert?　　a. Oui, il a acheté à crédit.
　　　　　　　　　　　　　　　　b. Oui, son compte est débiteur.

② Elle a des dettes?　　　　　　　a. Non, elle a tout remboursé.
　　　　　　　　　　　　　　　　b. Non, elle a tout dépensé.

③ Tu mets de l'argent de côté?　　a. Oui, j'ai un compte courant.
　　　　　　　　　　　　　　　　b. Oui, j'ai un compte d'épargne.

④ Ils ont payé comptant?　　　　　a. Non, par virement.
　　　　　　　　　　　　　　　　b. Non, à crédit.

⑤ Tu fais tes comptes?　　　　　　a. Oui. J'ai reçu mon relevé.
　　　　　　　　　　　　　　　　b. Oui, j'ai reçu mon chéquier.

> 정답 바른 답을 고르시오.
> ① b 그의 계좌는 적자계정이다. ② a 아니오, 그녀는 모두 갚았습니다.
> ③ b 네, 저는 예금계좌를 갖고 있습니다. ④ b 아니오, 현금이 아니라 신용카드로 결제했습니다.
> ⑤ a 그래, 입출금 명세서를 받았다.

Test 9

Complétez.

① On peut épargner, ou, au contraire, _____ de l'argent.

② Votre compte peut être créditeur ou, au contraire, _____.

③ Si vous devez de l'argent à quelq'un, vous avez des _____.

④ La banque envoie tous les mois un _____.

> 정답 문장을 완성시키시오.
> ① dépenser 돈을 저축하거나 반대로 써버릴 수 있다. ② débiteur 당신 계좌는 흑자 이거나 적자일 수 있다.
> ③ dettes 당신이 누군가에게 돈을 갚아야한다면 채무를 갖고 있는 것이다.
> ④ relevé 은행은 매달 입출금명세서를 보낸다.

Test 10

Éliminez l'intrus.

① économiser / verser / épargner

② dépensier / radin / avare

③ revenu / impôts / salaire

④ alimenter / approvisionner / emprunter

> **정답** 관련 없는 말을 가려내시오.
> ① verser 불입, 납부하다 (나머지는 저축하다) ② dépensier 낭비하는 사람 (나머지는 구두쇠)
> ③ impôts 세금 (나머지는 소득) ④ emprunter 돈을 빌리다 (나머지는 제공, 공급하다)

Test 11

Vrai ou faux?   Vrai   Faux

① Il est radin. = il n'est pas généreux.   ☐   ☐

② Il roule sur l'or. = Il est avare.   ☐   ☐

③ Il jette l'argent par les fenêtres. = Il est trop dépensier. ☐ ☐

④ Il est fauché. = Il n'a pas un sou.   ☐   ☐

> **정답** 참인가 거짓인가?
> ① V 그는 구두쇠다. 관대하지 않다. ② F 그는 호화로운 생활을 한다. 그는 인색하다.
> ③ V 그는 돈을 헤프게 쓴다. 그는 낭비하는 사람이다. ④ V 그는 무일푼이다. 그는 한 푼도 없다.

Test 12

Complétez par un verbe approprié.

① Nous _____ de l'argent tous les mois pour pouvoir acheter une maison, un jour.

② Je n'_____ pas les moyens d'acheter cet appartement.

③ Dans ma société, on _____ les bénéfices entre les employés.

④ Mon ami m'a gentiment _____ 100€ pour me rendre service.

> 정답 알맞은 동사로 완성시키시오.
> ① économisons 우리는 언젠가 집을 사기위해 매월 저축한다.
> ② ai 나는 이 아파트를 구입할 방법이 없다.
> ③ partage 나의 회사에서 직원들 간에 이익을 공유한다.
> ④ prêté 내 친구는 나를 돕기 위해 고맙게도 100유로를 빌려주었다.

Test 13

Complétez par une expression familière.

① Ils n'ont pas d'argent, ils sont _____.

② Il ne dépense pas son argent, il est _____.

③ Elle a beaucoup d'argent, elle _____.

④ Elle achète trop et inutilement, elle _____.

> 정답 친근한 표현으로 완성시켜보시오.
> ① fauchés 그들은 돈이 없는 무일푼이다. ② radin 그는 돈을 쓰지 않는 구두쇠다.
> ③ roule sur l'or 그녀는 매우 부유하고 호화로운 생활을 한다.
> ④ jette l'argent par les fenêtres. 그녀는 쓸데없이 마구 사는 낭비의 생활을 한다.

20 비즈니스

Test 1

Dans quel commerce doit-on aller pour acheter.

① de l'agneau?
② du pain?
③ du lait?
④ des tomates?
⑤ du saucisson?

> 정답 다음을 사려면 어느 가게에 가야하나?
> ① à la boucherie 양고기, 정육점 ② à la boulangerie 빵, 빵집
> ③ dans une épicerie ou dans un supermarché 우유, 식료품점 또는 수퍼마켓
> ④ chez un marchand de fruits et légumes, dans une épicerie ou dans un supermarché 토마토, 야채 과일가게 식료품점 또는 수퍼마켓 ⑤ dans une charcuterie 살라미 소시지, 돈육 제품 판매업소

Test 2

Vrai ou faux?

	Vrai	Faux
① Une entrecôte est un morceau de bœuf.	☐	☐
② Le jambon peut être cru.	☐	☐
③ La baguette est un gâteau.	☐	☐
④ Le crabe est un poisson.	☐	☐

> 정답 참인가 거짓인가?
> ① V 등심은 쇠고기의 일부이다. ② V 햄은 날 것일 수도 있다. ③ F 바게뜨는 케이크다. ④ F 게는 생선이다.

Test 3

Choisissez les termes possibles.

① Il achète de la viande, c'est-à-dire un gigot / du jambon/des bonbons / des moules / un rôti.

② Je voudrais du poisson : des huîtres / un homard / une truite / un muscat / une escalope / du saumon.

③ Je vais à la boulangerie acheter du pain de campagne / un croissant / du cantal / une baguette/un camembert / une brioche.

④ Ils vout chez le charcutier pour acheter un saucisson / une entrecôte / du jambon / des crevettes.

> 정답 사용 가능한 용어를 골라보시오.
> ① un gigot 양고기 넓적다리 고기, du jambon 햄, un rôti 구운 고기
> ② une truite 송어, du saumon 연어
> ③ du pain de campagne 시골빵, un croissant 크루아상, une baguette 바게뜨, une brioche 브리오슈 빵
> ④ un saucisson 살라미 소시지, du jambon 햄

Test 4

Associez un produit et un commerce.

① Un dictionnaire.   a. La pharmacie.
② Des bottes.   b. le bureau de tabac.
③ Un cahier.   c. Le marchand de chaussures.
④ Un bouquet.   d. La parfumerie.
⑤ Un médicament.   e. Le fleuriste.
⑥ Un billet de Loto.   f. La papeterie.
⑦ Une eau de toilette.   g. La librairie.

> 정답 제품과 가게를 연결해보시오.
> ① g 사전, 서점 ② c 장화, 신발가게 ③ f 노트, 문방구 ④ e 꽃다발, 꽃집 ⑤ a 의약품, 약국
> ⑥ b 로또 복권, 담배 가게 ⑦ d 화장수(化粧水), 향수 가게

Test 5

Complétez par le nom du commerce.

① Elle va chez le _____ pour se faire faire une permanente.

② Je dois passer au _____ pour donner une veste à nettoyer.

③ Tu peux aller chez le _____, pour m'acheter Elle, Géo et Le Figaro?

④ Il veut offrir un beau bijou à sa femme, il doit aller dans une _____.

> 정답 업소 명칭으로 완성시키시오.
> ① coiffeur 그녀는 퍼머를 하러 미장원에 간다. ② pressing 나는 자켓 세탁을 맡기러 세탁소에 가야한다.
> ③ marchand de journaux 내게 엘, 제오, 르피가로 지(紙)를 사주러 가판대에 갈 수 있니?
> ④ bijouterie 그는 아내에게 멋진 보석을 사주려 하고 보석상에 가야 한다.

Test 6

Choisissez la bonne réponse.

① Une botte / Un paquet de radis.

② Un pot / Un flacon de moutarde.

③ Une boîte / Une barquette de fraises.

④ Un pot / Un tube de dentifrice.

> 정답 바른 답을 골라보시오.
> ① Une botte 라디(작은 무) 한 단 ② Un pot 겨자 한 병 ③ Une barquette 딸기 비스킷
> ④ Un tube 치약 튜브

Test 7

Complétez.

① Je cherche le _____ 《vêtements pour enfants》.

② Demandez à un _____, là-bas.

③ Les Galeries Lafayette sont un _____.

④ Je n'arrive pas à lire le prix sur l' _____.

⑤ Il va régler ses achats à la _____.

> 정답 **다음 문장을 완성시키시오.**
> ① rayon 나는 아동복 코너를 찾고 있어요. ② vendeur 저쪽 판매원에게 물어보세요.
> ③ grand magasin 갈러리 라파예뜨는 백화점이다. ④ étiquette 나는 라벨 위의 가격을 읽을 수 없다.
> ⑤ caisse 그는 계산대에서 구입에 대한 결제를 할 것이다.

Test 8

Associez les phrases de même sens.

① Je voudrais des pommes.   a. Ça ne coûte pas trop cher.
② C'est donné.   b. Les pommes font combien?
③ Je voudrais une livre de pommes.   c. Ça coûte les yeux de la tête.
④ Ce n'est pas donné.   d. Il me faudrait des pommes.
⑤ Les pommes sont à combien?   e. Vous pouvez me donner 500g de pommes?
⑥ C'est raisonnable.   f. Ça ne coûte rien.

> 정답 **같은 의미의 문장끼리 연결하시오.**
> ① d 나는 사과를 사야합니다. ② f 완전히 공짜입니다. ③ e 사과 500그램을 원합니다.
> ④ c 값이 매우 비쌉니다. ⑤ b 사과는 얼마인가요? ⑥ a 지나치게 비싸지 않습니다.

Test 9

Complétez par un verbe.

① Vous n'_____ pas de pains au chocolat?

② Je vous _____ combien?

③ Ça _____ une fortune.

④ Il me _____ des enveloppes blanches.

> 정답 **동사로 완성시켜보시오.**
> ① avez 초콜릿 빵 없나요? ② dois 얼마를 드려야 하나요?
> ③ coûte 상당한 값이 나가다 ④ faudrait 흰 봉투들이 필요합니다.

Test 10

Trouvez une autre manière de dire.

① 250g

② Environ 10

③ 500g

④ 100 cl

> **정답** 다음을 달리 말해보시오.
> ① une demi-livre 250 그램 ② une dizaine 10여 개의 ③ une livre 500그램
> ④ un litre , 100 cl(centilitre 센티리터)

21 요리와 레스토랑

Test 1

Complétez.

① Véronique aime les bonnes choses, elle est _____.

② Je cherche une bonne _____ dans un de mes livres de _____.

③ Pierre est un bon _____, il fait bien la _____.

> **정답** 문장을 완성시키시오.
> ① gourmande 베로니크는 좋은 음식을 좋아하는 미식가다.
> ② recette, cuisine 나는 요리책에서 좋은 레시피를 찾는다.
> ③ cuisinier, cuisine 삐에르는 좋은 요리사로 요리를 잘 한다.

Test 2

Vrai ou faux?   Vrai   Faux

① Une tartine est un gâteau.   ☐   ☐

② On peut boire du café dans un bol.   ☐   ☐

③ On goûte vers 13 heures.   ☐   ☐

④ Le yaourt est un dessert.   ☐   ☐

> **정답** 참인가 거짓인가?
> ① F 타르틴(버터 바른 빵)은 케이크이다. ② V 커피를 주발에 마실 수 있다.
> ③ F 오후 1시에 간식을 먹는다. ④ V 요구르트는 디저트다.

Test 3

Éliminez l'intrus.

① tartine / croissant / baguette

② tasse / bol / assiette

③ confiture / croissant / brioche

④ serviette / couverts / nappe

> **정답** 관련 없는 말을 가려내시오.
> ① croissant 크라쌍 (나머지는 바게뜨 빵) ② assiette 접시 (나머지는 잔, 주발)
> ③ confiture 잼 (나머지는 빵) ④ couverts 포크, 나이프, 스푼 (나머지는 냅킨)

Test 4

De quoi parle-t-on?

① Elle peut être plate ou creuse. – Une _____.

② Cela sert à déboucher les bouteilles. – Un _____.

③ On y met l'eau du robinet. – Une _____.

④ C'est l'ensemble fourchette-couteau-cuiller. – Des _____.

> **정답** 무엇에 대해 말하는가?
> ① assiette 평평하거나 움푹한 접시 ② tire-bouchon 병마개를 따는 코르크 마개 뽑기
> ③ carafe 수돗물을 담는 물병 ④ couverts 포크, 나이프, 스푼

Test 5

Vrai ou faux?   Vrai   Faux

① L'eau minérale est servie en carafe.   ☐   ☐

② Le service est compris dans l'addition.   ☐   ☐

③ On ne peut jamais boire de l'eau du robinet.   ☐   ☐

④ Si on invite quelqu'un au restaurant, on doit régler l'addition.   ☐   ☐

> **정답** 참인가 거짓인가?
> ① F 미네랄워터는 물병에 담겨 서비스된다. ② V 계산서에 봉사료가 포함되어 있다.
> ③ F 절대로 수돗물을 마시면 안 된다. ④ V 누군가를 레스토랑에 초대하면 계산을 해야 한다.

Test 6

Éliminez l'intrus.

① serveur / client / maître d'hôtel / gastronome

② carte / sortie / menu / addition

③ verveine / menthe / thé / café

④ amuse-gueule / digestif / vin / apéritif

> **정답** 관련 없는 말을 가려내시오.
> ① gastronome 식도락 (나머지는 모두 업소 관계자) ② sortie 출구 (나머지는 메뉴, 식단, 계산서 관련)
> ③ café 커피 (나머지는 모두 차) ④ amuse-gueule 아페리티프와 함께 먹는 안주 (나머지는 모두 술)

Test 7

Complétez.

① C'est le _____ qui prend la commande au restaurant.

② Avec l'apéritif, on sert des _____-_____.

③ Le _____ est compris dans le prix.

④ La serveuse sert les _____.

⑤ Au restaurant, à la fin du repas, on paye _____.

> **정답** 문장을 완성시키시오.
> ① serveur / maître d'hôtel 웨이터/지배인이 주문을 받는다.
> ② amuse-gueule 아페리티프와 함께 마른안주를 제공한다.
> ③ service 요금에 봉사료가 포함되어 있다.
> ④ clients 웨이트리스가 고객들을 접대한다.
> ⑤ l'addition 레스토랑에서 식사 후에 계산한다.

Test 8

Associez.

① thé

② quiche

③ verveine   a. plat

④ croque-monsieur   b. boisson

⑤ demi

⑥ crudités

⑦ menthe

⑧ déca

> **정답** 다음을 연결시켜보시오.
> a. 요리 : ② 키슈(케이크의 일종) ④ 크로크 므슈(치즈와 구운 햄 샌드위치) ⑥ 생야채
> b. 음료 : ① 차 ③ 마편초 차 ⑤ 생맥주 ⑦ 박하차 ⑧ 데카(카페인 없는 커피)

Test 9

Trouvez l'adjectif approprié.

① Il y a trop de sel dans ce plat, ce plat est trop _____.

② Il y a trop de crème, c'est trop _____.

③ Ce plat donne envie de le manger, il est très _____.

④ Il y a beaucoup de poivre et de piment, c'est très _____.

> **정답** 알맞은 형용사를 찾아보시오.
> ① salé 소금이 너무 들어가서 요리가 너무 짜다.
> ② lourd 크림이 너무 들어가서 지나치게 무겁다.
> ③ appétissant 이 요리는 먹고 싶게 한다. 아주 먹음직하다.
> ④ fort 후추와 피망이 많이 들어가서 맛이 매우 강하다

Test 10

Choisissez la bonne réponse.

① Le café-crème / Le déca n'a pas de caféine.

② Le demi / L'infusion est un verre de bière.

③ Les pommes de terre / Les carottes sont dans l'assiette de crudités.

④ Il existe des sandwichs au fromage / au chocolat.

> **정답** 바른 답을 골라보시오.
> ① Le déca 데카는 카페인이 없다.
> ② Le demi 드미는 생맥주 한잔이다.
> ③ Les carottes 당근은 생야채 접시에 있다.
> ④ au fromage 샌드위치 종류에 치즈 샌드위치가 있다.

Test 11

Associez, pour constituer une phrase complète.

① Je ne vais pas prendre ce plat en sauce, c'est   a. me régale.

② Le dîner a l'air bon, c'est   b. trop fort.

③ Le plat est vraiment trop épicé, il est   c. trop lourd.

④ C'est délicieux, je   d. trop fade.

⑤ Ce plat n'a pas de goût, il est   e. appétissant.

> **정답** 완전한 문장이 되도록 연결시켜보시오.
> ① c 나는 이 소스 요리를 먹지 않겠다. 지나치게 무겁다.
> ② e 저녁식사는 멋져 보인다. 먹음직하다.
> ③ b 요리에 양념이 너무 많아 맛이 너무 강하다.
> ④ a 맛있어서 나는 맛있게 잘 먹는다.
> ⑤ d 이 요리는 너무 맛이 없고 밋밋하다.

22 레저와 스포츠

Test 1

Associez, pour constituer une phrase complète.

① Ils jouent aux   a. en boîte.
② Il emmène   b. se promener.
③ Les jeunes sortent   c. la fête.
④ Samedi dernier, nous avons fait   d. cartes.
⑤ Elle veut aller   e. les enfants au cinéma.

> **정답** 완전한 문장이 되도록 연결시켜보시오.
> ① d 그들은 카드놀이를 한다. ② e 그는 아이들을 영화관에 데리고 간다.
> ③ a 젊은이들은 나이트클럽에 간다. ④ c 지난 토요일에 우리는 파티를 했다.
> ⑤ b 그녀는 산책하고 싶어 한다.

Test 2

Complétez par un verbe approprié.

① J'aime beaucoup _____ du lèche-vitrines.
② Ils _____ souvent au cinéma.
③ Elle _____ les enfants au zoo.
④ Les jeunes aiment _____ en boîte.
⑤ Les amis _____ aux cartes.

> **정답** 알맞은 동사로 문장을 완성시키시오.
> ① faire 나는 윈도쇼핑하기를 좋아한다. ② vont 그들은 영화관에 자주 간다.
> ③ emmène 그녀는 아이들을 동물원에 데리고 간다. ④ sortir 젊은이들은 나이트클럽에 가는 것을 좋아한다.
> ⑤ jouent 친구들이 카드놀이를 한다.

Test 3

Choisissez la bonne réponse.

① Il a gagné le match / le court.

② Elle participe à une médaille / une compétition.

③ Il y a beaucoup de raquettes / courts de tennis dans ce quartier.

④ Elle tient / détient le record du monde.

> **정답** 바른 답을 골라보시오.
> ① le match 그는 경기에서 승리했다. ② une compétition 그녀는 대회에 참가한다.
> ③ courts 이 지역에 테니스코트가 많다. ④ détient 그녀는 세계 기록을 보유하고 있다.

Test 4

Trouvez la question.

① _____ ? — Oui, je suis sportif.
② _____ ? — Non, je suis amateur.
③ _____ ? — Oui, je pratique le jogging et le tennis.
④ _____ ? — Non, je ne fais partie d'aucun club.

> **정답** 질문을 만들어보시오.
> ① Vous êtes sportif? 스포츠를 좋아하십니까? ② Vous êtes professionnel? 프로 선수이신가요?
> ③ Vous faites du sport? 운동을 하십니까? ④ Vous faites partie d'un club? 어떤 클럽에 참여하십니까?

Test 5

Éliminez l'intrus.

① raquette / match / balle

② champion / compétition / amateur

③ coupe / match / tournoi

④ ping-pong / compétition / tennis

> **정답** 관련 없는 말을 가려내시오.
> ① match 경기 (나머지는 운동 도구) ② amateur 아마추어 (나머지는 대회 관련)
> ③ coupe 컵 (나머지는 경기 관련) ④ compétition 대회 (나머지는 경기 종목)

Test 6

Associez, pour constituer une phrase complète.

① Il participe aux Jeux olympiques, car   a. sur les gradins.
② Le cavalier monte   b. d'une équipe.
③ L'arbitre contrôle   c. c'est une athlète.
④ Les supporters sont assis   d. à cheval.
⑤ Les joueurs font partie   e. le respect des règles du jeu.

> **정답** 완전한 문장이 되도록 연결시키시오.
> ① c 그는 선수라서 올림픽에 출전한다. ② d 기수(騎手)는 말에 오른다.
> ③ e 심판은 경기의 규칙을 지키도록 통제한다. ④ a 응원단은 스탠드에 앉아있다.
> ⑤ b 선수들은 팀에 속한다.

Test 7

Éliminez l'intrus.

① cheval / manège / gradins
② rallye / course à pied / concours
③ stade / buts / gradins
④ joueur / coureur / arbitre

> **정답** 관련 없는 말을 가려내시오.
> ① gradins 경기장의 좌석 (나머지는 마술(馬術)과 관련) ② concours 대회 (나머지는 주행 경기)
> ③ buts 골 (나머지는 경기장 스탠드) ④ coureur 달리는 선수 (나머지는 선수와 심판)

Test 8

Complétez.

① Les joueurs doivent _____ les règles du jeu.

② Le cavalier _____ à cheval.

③ Le coureur automobile _____ une voiture de course.

④ Le footballeur _____ deux buts.

> 정답 문장을 완성시키시오.
> ① respecter 선수들은 경기규칙을 준수해야한다. ② monte 기수(騎手)는 말에 오른다.
> ③ pilote 자동차 경주대회 선수는 경주용 차를 몬다. ④ marque 그 축구선수는 두 골을 넣었다.

Test 9

Comment appelle-t-on quelqu'un qui fait.

① de la natation?

② de la radonnée?

③ de l'alpinisme?

④ du patin à glace?

> 정답 다음 사람들을 무엇이라고 하는가?
> ① un nageur 수영하는 사람 ② un randonneur 하이킹하는 사람 ③ un alpiniste 등산가
> ④ un patineur 스케이팅하는 사람

Test 10

Éliminez l'intrus.

① natation / patin / voile

② radonneur / alpiniste / boxeur

③ escalade / musculation / gym

④ patineur / nageur / skieur

> **정답** 관련 없는 말을 가려내시오.
> ① patin 스케이트 (나머지는 수상경기)   ② boxeur 복서 (나머지는 산행)
> ③ escalade 암벽등반 (나머지는 체육관 운동)   ④ nageur 수영선수 (나머지는 겨울 스포츠)

Test 11

Complétez.

① On fait du ski sur des _____ noires, rouges, bleues.

② On fait du patinage sur la _____.

③ On dispute un match de boxe sur un _____.

④ En ville, on peut faire de la natation à la _____.

> **정답** 문장을 완성시키시오.
> ① pistes 검고, 빨갛고, 파란 스키 활강로에서 스키를 한다.
> ② patinoire/glace 스케이트장/빙상경기장에서 스케이팅을 한다.
> ③ ring 링 위에서 복싱경기를 한다.
> ④ piscine 도시에서, 수영장에서 수영을 한다.

Test 12

Associez une phrase et un sport.

① Il descend une piste.

② Il nage bien.   a. ski

③ Il prend un remonte-pentes.   b. natation

④ Il va à la piscine tous les jours.

⑤ Il connaît toutes les stations de sports d'hiver.

> **정답** 관련 부문끼리 연결하시오.
> a. 스키 : ① 그는 활강로를 내려온다. ③ 리프트를 이용한다. ⑤ 그는 모든 겨울스포츠 센터를 모두 알고 있다.
> b. 수영 : ② 그는 수영을 잘 한다. ④ 그는 매일 수영장에 간다.

PARTIE
02

01 필수어휘 1 •114
02 필수어휘 2 •128
03 기본어휘 1 •142
04 기본어휘 2 •156
05 단어와 표현 1 •170
06 단어와 표현 2 •184

01 필수어휘 1

Test 1 NOIR & BLANC

① blanc　　　　　　　　　faible
② nain　　　　　　　　　 extérieur
③ début　　　　　　　　 rester
④ magnifique　　　　　　liquide
⑤ jeune　　　　　　　　 soir
⑥ ami　　　　　　　　　adulte
⑦ passé　　　　　　　　 fin
⑧ intérieur　　　　　　　géant
⑨ partir　　　　　　　　 ennemi
⑩ enfant　　　　　　　　mécontent
⑪ guerre　　　　　　　　âgé
⑫ solide　　　　　　　　 laid
⑬ fort　　　　　　　　　paix
⑭ heureux　　　　　　　futur
⑮ matin　　　　　　　　noir

정답 반대말끼리 연결시키시오.

① blanc & noir 흰색/검은색　② nain & géant 난쟁이/거인　③ début & fin 시작/끝
④ magnifique & laid 기막힌/추한　⑤ jeune & âgé 젊은/나이든　⑥ ami & ennemi 친구/적
⑦ passé & futur 과거/미래　⑧ intérieur & extérieur 안쪽/바깥쪽　⑨ partir & rester 떠나다/머물다
⑩ enfant & adulte 어린이/성인　⑪ guerre & paix 전쟁/평화　⑫ solide & liquide 견고한/유동적인
⑬ fort & faible 강한/약한　⑭ heureux & mécontent 행복한/불만스러운　⑮ matin & soir 아침/저녁

Test 2　TROUVEZ L'INTRUS

① tigre, lion, perroquet, léopard
② détestable, gentil, serviable, sympathique
③ pluie, soleil, orage, éclairs
④ aider, assister, abandonner, seconder
⑤ éternel, instantané, soudain, immédiat
⑥ sentir, manger, renifler, flairer
⑦ caillou, pierre, rocher, eau
⑧ partir, rester, aller, quitter
⑨ rose, pâquerette, chêne, tulipe
⑩ voiture, crayon, stylo, feutre
⑪ horloge, fenêtre, montre, réveil
⑫ boire, penser, rêver, imaginer
⑬ océan, mer, montagne, lac
⑭ manteau, anorak, écharpe, pardessus
⑮ guitare, verre, piano, violon

정답　관련 없는 말을 찾아보시오.
① perroquet 앵무새　② détestable 매우 나쁜　③ soleil 태양　④ abandonner 포기하다
⑤ éternel 영원한　⑥ manger 먹다　⑦ eau 물　⑧ rester 남아있다　⑨ chêne 떡갈나무
⑩ voiture 승용차　⑪ fenêtre 창문　⑫ boire 마시다　⑬ montagne 산　⑭ écharpe 스카프　⑮ verre 컵

Test 3　COMPLÉTEZ LES PHRASES

> **ex**　sales, ouverte, bavarde, méchant, excités, instruit, tombent, malade, petit,
> soif, pharmacie, cher, mûres. mauvais, excellent

① Cet homme est _____. Il sait beaucoup de choses.
② Ces vêtements coûtent _____. Je ne peux pas les acheter.
③ Les enfants sont _____. Ils devraient se calmer.

④ Les cerises sont _____. Il faut les cueillir.
⑤ Sa fille est _____. Elle a appelé le médecin.
⑥ Il fait trop _____. Nous ne pouvons pas sortir.
⑦ Ce chien est _____. Il m'a mordue.
⑧ La banque est-elle _____? Je dois aller chercher de l'argent.
⑨ Elle est _____. Elle parle tout le temps.
⑩ Ce gâteau est _____. Puis-je en reprendre?
⑪ Tes mains sont _____. Va les laver !
⑫ Où est la _____? Je dois acheter des médicaments.
⑬ Je suis trop _____. J'ai besoin d'une échelle.
⑭ Les feuilles _____. C'est l'automne.
⑮ J'ai _____. Sers-moi un verre d'eau s'il vous plaît.

정답 문장을 완성시켜보시오.

① instruit 그는 교육받은 사람이다. 많은 것을 알고 있다.
② cher 이 옷들은 비싸다(여기서 cher는 부사. 성수에 일치시키지 않는다) 나는 이 옷들을 살 수 없다.
③ excités 어린이들은 흥분했다. 진정해야한다.
④ mûres 체리는 익었다. 따야한다.
⑤ malade 그 여자의 딸은 아프다. 그녀는 의사를 불렀다.
⑥ mauvais 날씨가 나쁘다. 우리는 외출할 수 없다.
⑦ méchant 이 개는 사납다. 나를 물었다.
⑧ ouverte 은행 열었나? 나는 돈을 찾으러 가야한다.
⑨ bavarde 그녀는 수다스럽다. 늘 말한다.
⑩ excellent 케이크가 훌륭합니다. 더 먹어도 되나요?
⑪ sales 네 손이 더럽다. 가서 씻어라.
⑫ pharmacie 약국이 어디 있나요? 나는 약을 사러 가야합니다.
⑬ petit 나는 너무 작다. 사다리가 필요하다.
⑭ tombent 나뭇잎이 떨어진다. 가을이다.
⑮ soif 목이 말라요. 물 한 컵 주실래요?

Test 4 · QUELS SONT LES SYNONYMES?

① journal					fatigué
② bureau					demander
③ miroir					similaire

④ réclamer   sûr
⑤ épuisé   instant
⑥ opinion   pupitre
⑦ certain   magnifique
⑧ moment   avis
⑨ simple   magazine
⑩ publier   heureux
⑪ content   questionner
⑫ splendide   aisé
⑬ interroger   éloignement
⑭ semblable   éditer
⑮ distance   glace

정답 동의어를 찾아보시오.

① journal & magazine 신문/잡지 ② bureau & pupitre 책상/교탁 ③ miroir & glace 거울
④ réclamer & demander 요구하다 ⑤ épuisé & fatigué 피곤한 ⑥ opinion & avis 의견
⑦ certain & sûr 분명한, 확실한 ⑧ moment & instant 순간 ⑨ simple & aisé 단순한/편안한
⑩ publier & éditer 발간하다/편집하다 ⑪ content & heureux 만족해하는/행복한
⑫ splendide & magnifique 호화스런/기막힌 ⑬ interroger & questionner 질문하다
⑭ semblable & similaire 비슷한 ⑮ distance & éloignement 거리

Test 5 LES PAYS ET LEUR CAPITALE

① Alger est la capitale   du Danemark
② Rome est la capitale   de la Chine
③ Sacramento est la capitale   de la Turquie
④ Tokyo est la capitale   de la Grande-Bretagne
⑤ Bruxelles est la capitale   des Pays-Bas
⑥ Moscou est la capitale   de la Californie
⑦ Santiago est la capitale   de l'Italie
⑧ Londres est la capitale   de la Belgique
⑨ Le Cap est la capitale   de l'Egypte

⑩ Ankara est la capitale　　　　　de l'Algérie
⑪ Pékin est la capitale　　　　　du Mexique
⑫ Mexico est la capitale　　　　de la Russie
⑬ Le Caire est la capitale　　　　du Japon
⑭ Copenhague est la capitale　　du Chili
⑮ Amsterdam est la capitale　　de l'Afrique du Sud

정답 국가와 수도

① de l'Algérie 알제리의 수도이다. ② de l'Italie 이탈리아의 ③ de la Californie 캘리포니아의
④ du Japon 일본의 ⑤ de la Belgique 벨기에의 ⑥ de la Russie 러시아의 ⑦ du Chili 칠레의
⑧ de la Grande-Bretagne 영국의 ⑨ de l'Afrique du Sud 남아프리카공화국(南阿共)의
⑩ de la Turquie 터키의 ⑪ de la Chine 중국의 ⑫ du Mexique 멕시코의 ⑬ de l'Egypte 이집트의
⑭ du Danemark 덴마크의 ⑮ des Pays-Bas 네덜란드의 (de la Hollande)

Test 6　"UN" OU "UNE"?

① J'ai vu _____ girafe au zoo.

② Il vit dans _____ studio.

③ Je l'ai attendu pendant _____ heure.

④ J'ai dormi à l'hôtel _____ nuit.

⑤ Ils attendent la visite d' _____ ami.

⑥ Avez-vous _____ animal chez vous ?

⑦ J'aimerais boire _____ verre d'eau.

⑧ Elle m'a offert _____ plante verte.

⑨ J'ai trouvé _____ malle au grenier.

⑩ Ils ont _____ coffre-fort à la banque.

⑪ Y a-t-il _____ université dans cette ville ?

⑫ Ils ont _____ armoire dans leur chambre.

⑬ Nous avons réservé _____ compartiment.

⑭ Elle a trouvé _____ appartement au centre-ville.

⑮ Je connais _____ bonne auberge dans ce village.

정답 Un인가 Une인가?

① une 나는 동물원에서 기린을 봤다. ② un 그는 원룸에서 산다.
③ une 나는 한 시간 동안 그를 기다렸다. ④ une 나는 호텔에서 하룻밤 잤다.
⑤ un 그들은 한 친구의 방문을 기다린다. ⑥ un 당신은 집에 동물이 있나요?
⑦ un 나는 물 한 컵을 마시고 싶어요. ⑧ une 그는 내게 푸른 식물을 하나 주었다.
⑨ une 나는 여행용 트렁크를 다락에서 찾았다. ⑩ un 그들은 은행에 금고를 갖고 있다.
⑪ une 이 도시에 대학교가 있나요? ⑫ une 그들은 자기들 방에 옷장을 갖고 있다.
⑬ un 우리는 열차의 한 칸을 예약했다. ⑭ un 그녀는 도심에서 아파트를 찾았다.
⑮ une 나는 이 마을에 좋은 여관을 알고 있다.

Test 7 PETIT & GRAND

① petit   recevoir
② paradis   pauvreté
③ peut-être   vendre
④ envoyer   addition
⑤ inférieur   grand
⑥ facile   sûrement
⑦ soustraction   démolir
⑧ locataire   épicé
⑨ fade   difficile
⑩ sauvage   propriétaire
⑪ clair   généreux
⑫ avare   foncé
⑬ acheter   enfer
⑭ construire   supérieur
⑮ richesse   apprivoisé

정답 반의어 찾기

① petit & grand 작은/큰 ② paradis & enfer 천국/지옥 ③ peut-être & sûrement 아마도/확실히
④ envoyer & recevoir 보내다/접수하다 ⑤ inférieur & supérieur 열등한/우월한 ⑥ facile & difficile 쉬운/어려운 ⑦ soustraction & addition 빼기/더하기 ⑧ locataire & propriétaire 세입자/소유자 ⑨ fade & épicé 무미한/양념이 강한 ⑩ sauvage & apprivoisé 야생의/길들여진 ⑪ clair & foncé 밝은/짙은 ⑫ avare & généreux 구두쇠인/관대한 ⑬ acheter & vendre 사다/팔다 ⑭ construire & démolir 건설하다/파괴하다 ⑮ richesse & pauvreté 부유함/빈곤함

Test 8 HOMONYMES

① Indiquez-moi votre nom/non et votre prénom.
② Les enfants ont fait un château avec leurs pelles et leur sot/seau.
③ Je trouve ce pull très laie/laid. Je n'ai pas envie de l'acheter.
④ J'ai mangé tellement de chocolat que j'ai mal au foie/fois.
⑤ Nous avons décoré notre salle/sale de classe.
⑥ Il fait très beau/bot aujourd'hui.
⑦ Heureusement, nous sommes seins/sains et saufs.
⑧ Le hareng sort/saur est une spécialités scandinave.
⑨ Nous avons dormi sous la tante/tente.
⑩ Il a un corps/cor d'athlète.
⑪ J'ai mal/mâle aux dents.
⑫ J'ai mangé des dattes/dates en Tunisie.
⑬ Le médecin m'a fait une prise de sans/sang.
⑭ Je n'ai pas le temps/tant de relire ma leçon.
⑮ Mon bébé a la peau seiche/sèche.

정답 동음이의어(同音異義語) 가운데 골라보시오.
① nom 성(姓)과 이름을 가르쳐주세요. ② seau 어린이들은 그들의 삽과 양동이로 성을 만들었다.
③ laid 나는 이 스웨터가 매우 추하다고 생각한다. 사고 싶지 않다.
④ foie 나는 초콜릿을 너무 먹어서 속이 좋지 않다.
⑤ salle 우리는 우리 교실을 장식했다. ⑥ beau 오늘 날씨가 매우 좋다.
⑦ sains 다행히도 우리는 무사하다. ⑧ saur 훈제 청어는 스칸디나비아 특산품이다.
⑨ tente 우리는 텐트 아래서 잤다. ⑩ corps 그는 운동선수의 신체를 갖고 있다.
⑪ mal 나는 치통을 앓는다. ⑫ dattes 나는 튀니지에서 대추야자를 먹었다.
⑬ sang 의사는 내 혈액 채취를 했다. ⑭ temps 나는 학과를 복습할 시간이 없다.
⑮ sèche 내 아기는 피부가 건조하다.

Test 9 — COMPLÉTEZ LES PHRASES

ex feu   fêter   temps   violon   réservé   grève   immeubles
      battu   rien   rentrée   stylo   à   température

① Nous avons eu du beau _____ pendant les vacances.

② La _____ des classes a lieu début septembre.

③ Ils ont construit de beaux _____ à côté de chez nous.

④ Ma couleur préférée est le _____.

⑤ J'ai perdu mon _____. Je ne peux pas lui écrire.

⑥ Elle a une sœur _____.

⑦ Je me suis abonné _____ ce journal.

⑧ Le médecin a pris sa _____.

⑨ Il joue du _____.

⑩ L'immeuble a pris _____.

⑪ As-tu _____ une table?

⑫ Nous n'avons _____ à déclarer.

⑬ Ce week-end, nous allons _____ mon anniversaire.

⑭ Il a _____ tous les records.

⑮ Les ouvriers font _____.

정답 다음 문장을 완성시키시오.

① temps 우리는 휴가기간 동안 날씨가 좋았다. ② rentrée 개학은 9월초다.
③ immeubles 그들은 우리 집 옆에 좋은 건물들을 지었다. ④ vert 내가 좋아하는 색은 초록색이다.
⑤ stylo 나는 내 펜을 분실했다. 그에게 편지할 수 없다. ⑥ jumelle 그녀는 쌍둥이 자매가 있다.
⑦ à 나는 이 신문을 구독했다. ⑧ température 의사는 그의 체온을 쟀다.
⑨ violon 그는 바이올린을 연주한다. ⑩ feu 그 건물에 불이 났다.
⑪ réservé 식탁을 예약했니? ⑫ rien 우리는 신고할 것이 없습니다.
⑬ fêter 이번 주말에 우리는 내 생일을 축하할 것이다. ⑭ battu 그들은 모든 기록을 깼다.
⑮ grève 노동자들은 파업을 한다.

Test 10 FLEURS & JARDIN

① fleurs   main
② bleu   vacances
③ œuf   bibliothèque
④ date   meubles
⑤ ampoule   jeu
⑥ doigt   immeuble
⑦ livre   jardin
⑧ drap   usine
⑨ placard   musique
⑩ dés   calendrier
⑪ ouvrier   trousse
⑫ appartement   couleur
⑬ piano   lampe
⑭ tourisme   poule
⑮ crayons   lit

정답 꽃과 정원. 관련 있는 말끼리 연결하기
① fleurs & jardin 꽃/정원 ② bleu & couleur 푸른/색채 ③ œuf & poule 계란/암탉
④ date & calendrier 날짜/달력 ⑤ ampoule & lampe 전구/전등 ⑥ doigt & main 손가락/손
⑦ livre & bibliothèque 책/도서관 ⑧ drap & lit 시트/침대 ⑨ placard & meubles 벽장/ 가구
⑩ dés & jeu 주사위/게임 ⑪ ouvrier & usine 노동자/공장 ⑫ appartement & immeuble 아파트/건물
⑬ piano & musique 피아노/음악 ⑭ tourisme & vacances 관광/휴가 ⑮ crayons & trousse 연필/상자

Test 11 CHERCHEZ L'INTRUS

① haut, minuscule, élevé, grand

② cuiller, couteau, casserole, fourchette

③ pantalon, valise, sac, malle

④ distraire, pleurer, divertir, amuser

⑤ tulipe, rougeole, oreillons, varicelle

⑥ étoile, astre, comète, pèlerinage

⑦ église, violoncelle, mosquée, temple

⑧ outil, magasin, boutique, échoppe

⑨ organizer, arranger, préparer, enseigner

⑩ peuplier, châtaignier, carotte, érable

⑪ président, pays, nation, Etat

⑫ chaudron, assiette, poêle, cocotte-minute

⑬ téléviseur, tabouret, chaise, fauteuil

⑭ rivière, ruisseau, plateau, fleuve

⑮ compass, carré, triangle, rectangle

정답 관련 없는 말을 찾아보시오.
① minuscule 매우 작은 (높은, 올라선, 큰) ② casserole 냄비 (숟가락, 나이프, 포크)
③ pantalon 바지 (여행 가방, 가방, 트렁크) ④ pleurer 울다 (주의를 산만하게 하다, 기분 전환하다, 즐기다)
⑤ tulipe 튤립 (홍역, 유행성 이하선염, 수두) ⑥ pèlerinage 순례 (별, 천체, 혜성)
⑦ violoncelle 첼로 (교회, 이슬람 사원, 사원) ⑧ outil 도구 (상점, 소규모상점, 구멍가게)
⑨ enseigner 가르치다 (기획하다, 조정하다, 준비하다) ⑩ carotte 홍당무 (포플러나무, 밤나무, 단풍나무)
⑪ président 대통령 (나머지는 모두 국가) ⑫ assiette 접시 (냄비, 프라이팬, 압력솥)
⑬ téléviseur TV수상기 (나머지는 모두 의자 종류) ⑭ plateau 고원(高原)(나머지는 모두 강물)
⑮ compass 컴퍼스 (정방형, 삼각형, 사각형)

Test 12 TROUVEZ LE BON SUBSTANTIF

ex fours   voyage   formalité   cuisinière   garçon   pressentiment   sourire
affaire   anniversaire   été   instant   chance   délai   succès   fille

① Je te souhaite un _____!

② Ce film a connu un énorme _____.

③ Il est resté vieux _____.

④ J'ai un mauvais _____.

⑤ C'était une simple _____.

⑥ Ce fut un bel _____.

⑦ Ils ont fait un grand _____.

⑧ Tu devrais t'adresser à cette jeune _____.

⑨ Nous avons mangé de délicieux petits _____.

⑩ Il vient de conclure une grosse _____.

⑪ Elle le regardait avec un large _____.

⑫ Ils m'ont souhaité bonne _____.

⑬ Je ne l'ai vue qu'un court _____.

⑭ Je pense recevoir ce paquet à bref _____.

⑮ Ma cousine est une excellente _____.

정답 알맞은 명사를 찾아보시오.

① anniversaire 너의 생일 축하한다. ② succès 이 영화는 대단한 성공을 거뒀다.
③ garçon 그는 아직 노총각이다. ④ pressentiment 나는 나쁜 예감이 든다.
⑤ formalité 그것은 단순한 형식이었다. ⑥ été 아름다운 여름이었다. (fut는 être동사의 단순과거)
⑦ voyage 그들은 긴 여행을 했다. ⑧ fille 너는 이 아가씨에게 말을 거는 것이 좋을 것 같다.
⑨ fours 우리는 맛있는 쿠키를 먹었다. ⑩ affaire 그는 막 큰일의 결론을 냈다.
⑪ sourire 그녀는 커다란 미소와 함께 그를 보았다. ⑫ chance 그들은 내게 행운을 빌어주었다.
⑬ instant 나는 그녀를 아주 짧은 순간 보았을 뿐이다.
⑭ délai 나는 이 꾸러미를 단기간에 받을 것으로 생각한다.
⑮ cuisinière 내 사촌은 훌륭한 요리사이다.

Test 13 TROUVEZ LES VERBES ÉQUIVALENTS

a. discuter

① dialoguer   ② s'opposer   ③ contester

b. observer

① désobéir   ② regarder   ③ enfreindre

c. cacher

① taire   ② exposer   ③ montrer

d. satisfaire

① ennuyer   ② déplaire   ③ contenter

e. gêner
① plaire　　　　② séduire　　　　③ importuner

f. changer
① conserver　　　② modifier　　　　③ garder

정답 같은 의미의 동사를 찾아보시오.
a. ① 토론하다/대화를 나누다　b. ② 관측하다/쳐다보다　c. ① 숨기다/가만히 있다
d. ③ 만족시키다/충족시키다　e. ③ 방해하다/귀찮게 하다　f. ② 바꾸다/변화시키다

Test 14　REMPLISSEZ LES BLANCS

ex　offert　métro　horreur　piqué　excellente　menacent　vainqueur
　　　presque　invités　déficitaire　adore　colonie　grondé　hiver　film

① Je les ai _____ à notre mariage.
② Le _____ est monté sur le podium.
③ Leur voyage autour du monde a duré _____ trois ans.
④ As-tu déjà vu ce _____ au cinema?
⑤ Je lui ai _____ une montre pour Noël.
⑥ Je pars toujours skier en _____.
⑦ L'orage a _____ toute la nuit.
⑧ Ses enfants passent leurs vacances en _____.
⑨ Les ouvriers _____ faire grève cette semaine.
⑩ Le pianiste était accompagné d'une _____ violoniste.
⑪ Nous avons pris le _____ pour aller au musée.
⑫ J'ai été _____ par un moustique.
⑬ J'ai _____ des films de science-fiction.
⑭ Son entreprise est _____.
⑮ J' _____ les fraises.

정답 빈칸을 채우시오.

① invités 나는 그들을 우리 결혼에 초대했다.
② vainqueur 승리자는 시상대에 올라갔다.
③ presque 그들의 세계 일주는 거의 3개월간 지속되었다.
④ film 너 이 영화 이미 영화관에서 봤니?
⑤ offert 나는 그에게 크리스마스 선물로 손목시계를 선물했다.
⑥ hiver 나는 겨울에 늘 스키하러 떠난다.
⑦ grondé 폭풍우가 밤새 요란하게 울렸다.
⑧ colonie 그의 아이들은 바캉스 타운에서 방학을 보냈다.
⑨ menacent 노동자들은 이번 주에 파업하겠다고 위협한다.
⑩ excellent 피아니스트는 훌륭한 바이올린 주자와 같이 연주했다.
⑪ métro 우리는 박물관에 가기위해 지하철을 탔다.
⑫ piqué 나는 모기에 물렸다.
⑬ horreur 나는 SF영화를 끔찍하게 싫어한다.
⑭ déficitaire 그의 기업은 적자 운영이다.
⑮ adore 나는 딸기를 무척 좋아한다.

Test 15 GROS & MAIGRE

① gros	mourir
② sucré	singulier
③ doux	déluré
④ propre	passager
⑤ parler	vert
⑥ sérieux	maigre
⑦ rond	vertical
⑧ partir	salé
⑨ mûr	se taire
⑩ pluriel	sale
⑪ naître	arriver
⑫ conducteur	théorie
⑬ pratique	rugueux
⑭ horizontal	droite
⑮ gauche	sale

정답 반대말을 찾아보시오.

① gros & maigre 뚱뚱한/마른
② sucré & salé 단 맛인/짠
③ doux & rugueux 부드러운/표면이 거친
④ propre & sale 깨끗한/더러운
⑤ parler & se taire 말하다/잠자코 있다
⑥ sérieux & déluré 진지한/영악한(=dégourdi), 뻔뻔한(=effronté)
⑦ rond & carré 둥근/ 정사각형인
⑧ partir & arriver 떠나다/ 도착하다
⑨ mûr & vert 숙성된/ 덜 익은
⑩ pluriel & singulier 여럿인, 복수의/단수의
⑪ naître & mourir 태어나다/ 죽다
⑫ conducteur & passager 운전기사/승객
⑬ pratique & théorie 실용/ 이론
⑭ horizontal & vertical 수평의/수직의
⑮ gauche & droite 좌측/우측

02 필수어휘 2

Test 1 -ET, -AI, -AIE, …

① N'oublie pas ton bonn _____ et tes gants pour le ski!

② A tes souh _____ !

③ J'ai reçu un paqu _____ ce matin.

④ Ils ont planté des cypr _____ au fond de leur jardin.

⑤ La serveuse s'est trompée en me rendant la monn _____ .

⑥ Les enfants ont appris toutes les lettres de l'alphab _____ .

⑦ Je changerai les t _____ d'oreiller et les draps avant son arrivée.

⑧ Le ge _____ est un petit oiseau.

⑨ Elle vit dans un véritable pal _____ .

⑩ J'aime beaucoup les portr _____ de ce peintre.

⑪ Les mariés se font prendre en photo dans la roser _____ .

⑫ A la fin du marché, les fruits et les légumes sont vendus au rab _____ .

⑬ Nous ne somme pas allés jusqu'au somm _____ .

⑭ J'ai étudié le problème sous tous ses asp _____ , mais je n'ai pas trouvé de solution.

⑮ Refais tes las _____ , tu vas tomber!

정답 철자를 구분해보시오.

① bonnet 스키하러 갈 모자와 장갑을 잊지 마라. ② souhaits (재채기한 사람에게 하는 말)
③ paquet 나는 오늘 아침에 소포를 받았다. ④ cyprès 그들은 정원 안쪽에 실편백나무를 심었다.
⑤ monnaie 여종업원은 내게 동전을 잘못 내주었다. ⑥ alphabet 어린이들은 알파벳의 모든 철자를 배웠다.
⑦ taies 나는 그가 도착하기 전에 그의 베갯잇과 시트를 바꾸겠다. ⑧ geai 어치는 작은 새다.
⑨ palais 그녀는 진짜 왕궁 안에 살고 있다. ⑩ portraits 나는 이 화가의 초상화들을 좋아한다.
⑪ roseraie 신랑, 신부는 장미원에서 사진을 찍는다. ⑫ rabais 시장이 끝날 무렵, 과일과 야채는 싸게 팔린다.
⑬ sommet 우리는 정상까지 가지 않았다. ⑭ aspects 나는 모든 국면에서 문제를 연구했지만 해결책을 찾지 못했다. ⑮ lacets 신발끈 다시 묶어라. 넘어진다.

Test 2 CHACUN SON MÉTIER

① une institutrice

② une hôtesse de l'air

③ un mécanicien

④ un cuisinier

⑤ une serveuse

⑥ un prêtre

⑦ un bijoutier

⑧ un menuisier

⑨ un médecin

⑩ un député

⑪ un bûcheron

⑫ une secrétaire

⑬ une sage-femme

⑭ un charcutier

⑮ un maçon

정답 직업과 일터
① dans une école 초등학교 교사는 학교에서 ② dans un avion 스튜어디스는 비행기에서
③ dans un garage 정비사는 카센터에서 ④ dans une cuisine 요리사는 주방에서
⑤ dans un bar 웨이트리스는 바에서 ⑥ dans une église 성직자는 교회에서
⑦ dans une bijouterie 보석상은 보석가게에서 ⑧ dans un atelier 목수는 작업장에서
⑨ dans un hôpital 의사는 병원에서 ⑩ au parlement 국회의원은 의회에서
⑪ dans la forêt 벌목공은 숲에서 ⑫ dans un bureau 비서는 사무실에서
⑬ dans une maternité 산파는 조산원(산과 병원)에서
⑭ dans une charcuterie 돼지고기 가공업자는 돼지고기 가공 업소에서
⑮ dans un chantier 석공은 공사장에서

Test 3 RETROUVEZ L'INTRUS

① joyeux, gai, heureux, mécontent
② éclair au chocolat, soupe aux choux, baba au rhum, tarte aux fraises
③ patinage, télévision, natation, course
④ fatiguer, rafraîchir, lasser, éreinter
⑤ roseau, pommier, cerisier, abricotier
⑥ société, entreprise, édition, firme
⑦ travail, emploi, profession, oisiveté
⑧ point d'exclamation, virgule, chiffre, point d'interrogation
⑨ solitude, réunion, meeting, rencontre
⑩ prévoir, négliger, estimer, évaluer
⑪ complimenter, féliciter, critiquer, congratuler
⑫ tristesse, fête, cérémonie, noce
⑬ sale, crasseux, malpropre, impeccable
⑭ histoire, récit, tableau, conte
⑮ plaire, choquer, charmer, fasciner

정답 관련 없는 말을 찾아보시오.

① mécontent 불만족스러운 (나머지는 즐거운, 기쁜, 행복한)
② soupe aux choux 양배추 스프 (초코 에클레르 과자, 럼주에 적신 스펀지케이크, 딸기 타르트)
③ télévision 텔레비전 (스케이트, 수영, 경주)
④ rafraîchir 새롭게 하다 (피곤하게 하다, 지치게 하다, 기진맥진하게 하다)
⑤ roseau 갈대 (사과나무, 체리나무, 살구나무)
⑥ édition 편집 (회사, 기업, 상사(商社))
⑦ oisiveté 무위도식 (일, 고용, 직업)
⑧ chiffre 수치 (느낌표, 쉼표, 물음표)
⑨ solitude 고독 (회의, 회합, 만남)
⑩ négliger 무시하다 (예측하다, 평가하다, 감정하다)
⑪ critiquer 비평하다 (칭찬하다, 축하하다, 축하의 말을 하다)
⑫ tristesse 슬픔 (축제, 기념식, 결혼식)
⑬ impeccable 완전무결한 (더러운, 때 묻은, 깨끗하지 않은)
⑭ tableau 액자, 그림 (이야기, 내러티브, 콩트)
⑮ choquer 충격을 주다 (즐겁게 하다, 매혹하다, 매료하다)

Test 4 RECONSTITUEZ LES TERMS

① permis   à épiler
② moule   à musique
③ château   à molette
④ ceinture   à fromage
⑤ carte   d'œil
⑥ salle   à gâteau
⑦ stylo   de sécurité
⑧ clé   à vins
⑨ pince   de sable
⑩ trousse   de conduire
⑪ crème   à plume
⑫ boîte   d'identité
⑬ cloche   à raser
⑭ clin   de toilette
⑮ cave   de bains

정답 용어를 재구성해보시오.
① permis de conduire 운전면허증
② moule à gâteau 케이크 굽는 틀
③ château de sable 모래성
④ ceinture de sécurité 안전벨트
⑤ carte d'identité 신분증
⑥ salle de bains 욕실
⑦ stylo à plume 만년필
⑧ clé à molette 몽키 스패너
⑨ pince à épiler 족집게
⑩ trousse de toilette 화장도구 케이스
⑪ crème à raser 면도 크림
⑫ boîte à musique 뮤직 박스
⑬ cloche à fromage 건조방지 치즈 덮개
⑭ clin d'œil 눈짓, 윙크
⑮ cave à vins 와인 창고

Test 5 BEAU & JOLI

① beau
② vieux
③ bâtiment
④ mot
⑤ excursion
⑥ fenêtre
⑦ calme
⑧ oublier
⑨ oiseau
⑩ instrument
⑪ peur
⑫ monter
⑬ arrêter
⑭ révolte
⑮ bague

visite
omettre
outil
édifice
anneau
cesser
âgé
joli
baie vitrée
soulèvement
tranquille
terme
volatile
crainte
grimper

정답 비슷한 말 끼리 묶기

① beau & joli 멋진/예쁜
② vieux & âgé 늙은/나이 든
③ bâtiment & édifice 빌딩/건물
④ mot & terme 단어/용어
⑤ excursion & visite 소풍/방문
⑥ fenêtre & baie vitrée 창문/ 유리로 된 뚫린 공간
⑦ calme & tranquille 조용한/차분한
⑧ oublier & omettre 잊다/빠뜨리다
⑨ oiseau & volatile 새/가금류
⑩ instrument & outil 도구/ 연장
⑪ peur & crainte 겁/우려
⑫ monter & grimper 올라가다/기어오르다
⑬ arrêter & cesser 멈추다/그만두다
⑭ révolte & soulèvement 저항/반란
⑮ bague & anneau 반지/ 고리

Test 6 — LES ANIMAUX & LEURS PETITS

① La jument surveille _____.   ses lionceaux
② La vache allaite _____.   ses chiots
③ La chatte joue avec _____.   son ânon
④ La chèvre lèche _____.   ses lapereaux
⑤ La chienne et _____ aboient.   ses aiglons
⑥ La lionne nourrit _____.   son chevreau
⑦ La cane se promène avec _____.   ses chatons
⑧ La brebis protège _____.   son éléphanteau
⑨ L'aigle abrite _____.   son veau
⑩ La laie s'occupe de _____.   ses poussins
⑪ La lapine nettoie _____.   ses canetons
⑫ L'oiseau fait attention à _____. son poulain
⑬ L'ânesse élève _____.   ses agneaux
⑭ La poule court après _____.   ses marcassins
⑮ L'éléphant éduque _____.   ses oisillons

정답 동물과 그의 새끼들

① son poulain 암말은 망아지를 돌본다.
② son veau 암소는 송아지에게 젖을 준다.
③ ses chatons 암코양이는 새끼고양이들과 같이 논다.
④ son chevreau 염소는 새끼염소를 핥는다.
⑤ ses chiots 암캐와 강아지들이 짖는다.
⑥ lionceaux 암사자는 새끼사자들을 먹인다.
⑦ ses canetons 오리는 새끼오리들과 같이 산책한다.
⑧ ses agneaux 양은 새끼 양들을 보호한다.
⑨ ses aiglons 독수리는 새끼 독수리들을 보호한다.
⑩ ses marcassins 멧돼지는 새끼 멧돼지들을 돌본다.
⑪ ses lapereaux 토끼는 새끼 토끼들을 깨끗하게 한다.
⑫ ses oisillons 새는 새끼 새들에 주목한다.
⑬ son ânon 당나귀는 새끼 당나귀를 키운다.
⑭ ses poussins 암탉은 병아리들을 따라 달린다.
⑮ son éléphanteau 코끼리는 새끼 코끼리를 키운다.

Test 7 "PLUS" OU "MOINS"?

① Une voiture roule _____ vite qu'un poids lourd.
② Généralement, un livre est _____ épais qu'un magazine.
③ Le chien court _____ vite que le guépard.
④ Mes grands-parents sont _____ âgés que mes parents.
⑤ Les ouvriers gagnent _____ d'argent que leur directeur.
⑥ Le Portugal est un pays _____ petit que les Etats-Unis.
⑦ Un pamplemousse est _____ gros qu'une orange.
⑧ Un nain est _____ grand qu'un géant.
⑨ L'auriculaire est _____ petit que le pouce.
⑩ Une maison coûte souvent _____ cher qu'un appartement.
⑪ Une araignée est _____ jolie qu'un papillon.
⑫ Un pull en laine tient _____ chaud qu'un tee-shirt en coton.
⑬ Un film d'horreur est _____ drôle qu'une comédie.
⑭ Une rue secondaire est _____ importante qu'une rue principale.
⑮ La peinture à l'eau sèche _____ vite que la peinture à l'huile.

정답 plus인가 moins인가?

① plus 승용차는 화물차보다 빨리 달린다.
② plus 일반적으로 책은 잡지보다 두껍다.
③ moins 개는 치타보다 느리게 달린다.
④ plus 조부모님은 부모님보다 더 나이가 많다.
⑤ moins 노동자들은 사장보다 덜 번다.
⑥ plus 포르투갈은 미국보다 작은 나라다.
⑦ plus 자몽은 오렌지보다 크다.
⑧ moins 난장이는 거인보다 작다.
⑨ plus 새끼손가락은 엄지손가락보다 작다.
⑩ plus 단독주택은 종종 아파트보다 비싸다.
⑪ moins 거미는 나비보다 덜 귀엽다.
⑫ plus 모직 스웨터가 면 티셔츠보다 더 따뜻하게 한다.
⑬ moins 공포영화는 코미디보다 덜 웃긴다.
⑭ moins 보조 도로가 주도로보다 덜 중요하다.
⑮ plus 수채화가 유화보다 빨리 마른다.

Test 8   FEUILLE & ...

① feuille	train
② robinet	poubelle
③ courrier	arbre
④ déchets	nez
⑤ médicaments	étable
⑥ narine	film
⑦ partition	lavabo
⑧ bec	ordinateur
⑨ feu	piano
⑩ wagon	compas
⑪ scénario	facteur
⑫ maillot de bain	incendie
⑬ bétail	plage
⑭ boussole	oiseau
⑮ disquette	pharmacie

정답   나뭇잎과 나무. 상관있는 말끼리 연결시키시오.

① feuille & arbre 나뭇잎/ 나무
② robinet & lavabo 수도꼭지/세면대
③ courrier & facteur 우편물/집배원
④ déchets & poubelle 쓰레기/휴지통
⑤ médicaments & pharmacie 약품/약국
⑥ narine & nez 콧구멍/코
⑦ partition & piano 악보/피아노
⑧ bec & oiseau 부리/새
⑨ feu & incendie 불/화재
⑩ wagon & train 객차/열차
⑪ scénario & film 시나리오/영화
⑫ maillot de bain & plage 수영복/해변
⑬ bétail & étable 가축/외양간
⑭ boussole & compas 나침반/컴퍼스, 나침반
⑮ disquette & ordinateur 디스켓/컴퓨터

Test 9 CHAUD & ...

① chaud
② importation
③ monter
④ trier
⑤ modeste
⑥ temporaire
⑦ inquiétant
⑧ bungalow
⑨ connaître
⑩ quelqu'un
⑪ vrai
⑫ lourd
⑬ arrêter
⑭ soleil
⑮ rapide

faux
gratte-ciel
lent
définitif
ignorer
exportation
mélanger
froid
léger
continuer
pluie
descendre
prétentieux
rassurant
personne

정답 반대말을 찾아보시오.
① chaud & froid 더운/추운
② importation & exportation 수입/수출
③ monter & descendre 올라가다/내려가다
④ trier & mélanger 분류하다/뒤섞다
⑤ modeste & prétentieux 검소한, 수수한/잘난 척하는
⑥ temporaire & définitif 일시적인/결정적인
⑦ inquiétant & rassurant 불안하게 하는/안심시키는
⑧ bungalow & gratte-ciel 방갈로/고층빌딩
⑨ connaître & ignorer 알다/모르다
⑩ quelqu'un & personne 누군가/아무도
⑪ vrai & faux 참/거짓 ⑫ lourd & léger 무거운/가벼운
⑬ arrêter & continuer 중단하다/계속하다
⑭ soleil & pluie 태양/비 ⑮ rapide & lent 빠른/느린

Test 10 INTERROGATION

① _____ heure est-il?
② _____ ce livre coûte-t-il?
③ _____ travailles-tu?
④ _____ t'appelles-tu?
⑤ _____ a-t-il rencontré pendant son voyage?
⑥ _____ de frères et sœurs as-tu?
⑦ _____ langues parles-tu?
⑧ _____ es-tu venu jusqu'ici?
⑨ _____ avez-vous dîné ce soir?
⑩ _____ fais-tu le week-end prochain?
⑪ _____ part le prochain train pour Nantes?
⑫ _____ film ont-ils vu au cinéma?
⑬ _____ concours souhaite-t-elle passer?
⑭ _____ sont-ils arrivés?
⑮ _____ proposes-tu comme solution?

정답 문장을 완성시켜보시오.
① quelle 지금 몇 시인가요?
② combien 이 책은 얼마인가요?
③ où 너는 어디서 일하나?
④ comment 네 이름이 무엇이니?
⑤ qui 여행 중에 그는 누구를 만났나요?
⑥ combien 너는 형제자매가 몇이니?
⑦ quelles 너는 어떤 언어들을 말할 수 있니?
⑧ comment 너는 여기까지 어떻게 왔니?
⑨ où 오늘 저녁 어디서 식사 하셨나요?
⑩ que 오는 주말에 뭐하니?
⑪ quand 낭뜨 행 다음 열차는 언제 떠나요?
⑫ quel 그들은 영화관에서 어떤 영화를 봤나요?
⑬ quel 그녀는 어떤 입시 치르기를 원하나요?
⑭ quand 그들은 언제 도착했나요?
⑮ que 해결책으로 너는 무엇을 제안하니?

Test 11　INTRUS

① tante, oncle, parents, spectateur

② car, chaise longue, voiture, autobus

③ se détendre, surveiller, contrôler, vérifier

④ discuter, bavarder, écouter, parler

⑤ répartir, conserver, distribuer, partager

⑥ prochain, précédent, ancien, antérieur

⑦ caniche, labrador, cocker, brebis

⑧ association, indépendance, fédération, organisation

⑨ médaille, récompense, échec, trophée

⑩ jeudi, avril, dimanche, vendredi

⑪ passe-temps, jeu, jouet, corvée

⑫ pied, chaussure, jambe, cuisse

⑬ disperser, tirer, ordonner, ranger

⑭ promenade, lecture, randonnée, marche

⑮ séparation, unité, division, démarcation

정답 다른 것들과 어울리지 않는 말은?

① spectateur 관객 (아주머니, 아저씨, 부모)
② chaise longue 긴 의자 (관광버스, 승용차, 버스)
③ se détendre 편히 쉬다 (감시하다, 통제하다, 확인하다)
④ écouter 듣다 (토론하다, 수다를 떨다, 말하다)
⑤ conserver 간직하다 (분배하다, 배분하다, 공유하다)
⑥ prochain 다음번의 (앞선, 예전의, 이전의)
⑦ brebis 암양 (복슬개, 라브라도르 사냥개, 스파니엘 사냥개)
⑧ indépendance 독립 (협회, 연맹, 조직)
⑨ échec 실패 (메달, 보상, 트로피)
⑩ avril 4월 (목요일, 일요일, 금요일)
⑪ corvée 하기 싫은 일, 고역 (시간 보내기, 게임, 장난감)
⑫ chaussures 신발 (발, 다리, 넓적다리)
⑬ disperser 분산시키다 (잡아당기다, 명령하다, 정돈하다)
⑭ lecture 독서 (산책, 하이킹, 산보)
⑮ unité 통일, 단일함 (분리, 분할, 구분)

Test 12 CHOIX MULTIPLE

① expressif   terne, démonstratif, morne
② risquer   craindre, oser, redouter
③ gazon   feuille, arbre, herbe
④ expulser   bannir, accueillir, recevoir
⑤ ami   copain, ennemi, adversaire
⑥ crime   don, cadeau, meurtre

정답 동의어 찾기
① démonstratif 감정을 드러내는 ② oser 감히 ~하다 ③ herbe 풀, 식물
④ bannir 추방하다, 몰아내다 ⑤ copain 친구 ⑥ meurtre 살인

Test 13 LETTRE & ENVELOPPE

① lettre   observatoire
② nez rouge   marteau
③ trompe   chantier
④ argent   symphonie
⑤ clous   interprète
⑥ truite   banque
⑦ encre   clown
⑧ étoile   blaireau
⑨ sapin   réponse
⑩ traducteur   atlas
⑪ carte   cartouche
⑫ bulldozer   poisson
⑬ orchestre   enveloppe
⑭ rasoir   résineux
⑮ question   éléphant

> **정답** 관련된 말 연결하기

① lettre & enveloppe 편지/봉투   ② nez rouge & clown 빨간 코/광대
③ trompe & éléphant 나팔, 코/코끼리   ④ argent & banque 돈/은행
⑤ clous & marteau 못/망치   ⑥ truite & poisson 송어/물고기   ⑦ encre & cartouche 잉크/잉크 카드리지
⑧ étoile & observatoire 별/천문대, 관측소   ⑨ sapin & résineux 전나무/수지를 내는
⑩ traducteur & interprète 번역가/통역사   ⑪ carte & atlas 지도/지도책
⑫ bulldozer & chantier 불도저/작업장   ⑬ orchestre & symphonie 오케스트라/심포니
⑭ rasoir & blaireau 면도기/면도솔   ⑮ question & réponse 질문/대답

Test 14   "BON" OU "BIEN"?

① J'ai été _____ conseillé pour acheter cette maison.

② Nous avons bu un très _____ vin à midi.

③ Mes parents vont _____, merci.

④ Ont-ils _____ appris leur leçon pour demain?

⑤ Cette entreprise a enregistré de _____ résultats l'année dernière.

⑥ L'eau de la piscine était très _____.

⑦ Je ne connais pas _____ ce quartier de Londres.

⑧ Il a eu _____ des problèmes avec son locataire.

⑨ Connais-tu un _____ dentiste par ici?

⑩ Je ne suis pas sûr d'avoir composé le _____ numéro.

⑪ As-tu _____ fermé toutes les portes?

⑫ Cet élève a eu de très _____ notes en physique.

⑬ Cette fête était très _____ organisée.

⑭ Il a de _____ amis en Espagne.

⑮ Sa mère est très _____ cuisinière.

> **정답** bon인가 bien인가?

① bien 나는 이 집을 사도록 자문을 잘 받았다.   ② bon 우리는 정오에 아주 좋은 와인을 마셨다.
③ bien 부모님은 잘 지내십니다, 감사합니다.   ④ bien 그들은 내일 학과내용을 잘 익혔니?
⑤ bons 이 기업은 지난해에 좋은 결과를 기록했다.   ⑥ bonne 수영장의 물은 아주 좋았다.
⑦ bien 나는 런던의 이 블록은 잘 모른다.   ⑧ bien 그는 자신의 세입자와 많은 문제가 있었다.
⑨ bon 이 부근에 좋은 치과의사를 아십니까?   ⑩ bon 내가 번호를 제대로 눌렀는지 모르겠다.
⑪ bien 너는 모든 문을 잘 닫았니?   ⑫ bonnes 이 학생은 물리에서 좋은 성적을 받았다.
⑬ bien 이 축제는 아주 잘 기획되었다.   ⑭ bons 그는 스페인에 좋은 친구들이 있다.
⑮ bonne 그의 어머니는 요리를 잘 한다.

Test 15 CHAISE...

① chaise
② crème
③ taux
④ chemin
⑤ porc
⑥ pas
⑦ lunettes
⑧ fer
⑨ tour
⑩ saule
⑪ bouton
⑫ queue
⑬ gant
⑭ dent
⑮ pièce

pleureur
de magie
de cheval
à repasser
d'intérêt
d'or
de fer
chantilly
de toilette
de porte
à conviction
de lait
longue
de soleil
salé

정답 바른 표현 만들기

① chaise longue 긴 의자 ② crème chantilly 거품 일으킨 크림
③ taux d'intérêt 이자율, 이율(利率) ④ chemin de fer 철도
⑤ porc salé 소금에 절인 돼지고기 ⑥ pas de porte 문지방
⑦ lunettes de soleil 선글라스 ⑧ fer à repasser 다리미
⑨ tour de magie 마술 ⑩ saule pleureur 수양버들
⑪ bouton d'or 금색 꽃이 피는 미나리아재비 ⑫ queue de cheval 포니테일(헤어스타일)
⑬ gant de toilette 장갑처럼 생긴 목욕수건 ⑭ dent de lait 젖니
⑮ pièce à conviction 증거물

03 기본어휘 1

Test 1 QUI EST-CE?

① Une personne qui écrit des livres est un _____

② Une personne qui soigne les animaux est un _____

③ Une personne qui distribue le courrier est un _____

④ Une personne qui fait du pain est un _____

⑤ Une personne qui répare les voitures est un _____

⑥ Une personne qui travaille le bois est un _____

⑦ Une personne qui opère est un _____

⑧ Une personne qui éteint les incendies est un _____

⑨ Une personne qui traduit des textes est un _____

⑩ Une personne qui prépare des plats cuisinés est un _____

⑪ Une personne qui coupe les cheveux est un _____

⑫ Une personne qui enseigne est un _____

⑬ Une personne qui vend des fleurs est un _____

⑭ Une personne qui garde les brebis est un _____

⑮ Une personne qui répond au téléphone est une _____

정답 누구인가요?

① écrivain 작가 ② vétériaire 수의사
③ facteur 집배원 ④ boulanger 제빵사
⑤ garagiste 카센터 기사 ⑥ menuisier 목수
⑦ chirurgien 외과의사 ⑧ pompier 소방대원
⑨ traducteur 번역가 ⑩ traiteur 출장요리업자
⑪ coiffeur 미용사 ⑫ professeur 교사, 교수
⑬ fleuriste 꽃을 파는 사람 ⑭ berger 목동 ⑮ standardiste 전화교환원

Test 2 HOMONYMES

① J'ai lavé le sol/sole ce matin.

② Il y a au moins cinq cygnes/signes sur le lac.

③ J'espère que je n'ai pas fait d'erreur dans mes comptes/contes.

④ Il a eu un en/an hier.

⑤ Nous avons mangé des côtelettes de porc/port et des frites.

⑥ Mohammed Ali était un grand champion de box/boxe.

⑦ la pis/pie jacasse.

⑧ Il s'est fait mal au doigt/doit en plantant un clou.

⑨ Mon mari/marri est en voyage d'affaires.

⑩ Les pêcheurs ont ramené plusieurs kilos de ton/thon.

⑪ Ce plat manque un peu de sel/selle.

⑫ Il est nez/né dans un tout petit village.

⑬ Aurais-tu une aiguille et du fil/file pour raccommoder ma robe?

⑭ Il a passé le mors/mort à son cheval.

⑮ Les danseuses s'entraînent à la bar/barre.

정답 동음이의어, 맞는 철자를 골라보시오.

① sol 나는 오늘 아침에 바닥을 닦았다.
② cygnes 호수에 적어도 다섯 마리의 백조가 있다.
③ comptes 내가 계산에서 실수가 없었기를 바랍니다.
④ an 그는 어제 한 살이 되었다.
⑤ porc 우리는 돼지갈비와 감자튀김을 먹었다.
⑥ boxe 모하메드 알리는 위대한 복싱 챔피언이었다.
⑦ pie 까치   ⑧ doigt 그는 못을 박다가 손가락을 다쳤다.
⑨ mari 내 남편은 출장 중이다.
⑩ thon 어부들은 몇 킬로의 참치를 갖고 왔다.
⑪ sel 이 요리는 소금이 조금 부족하다.
⑫ né 그는 아주 작은 마을에서 태어났다.
⑬ fil 내 원피스를 수선할 바늘과 실이 있니?
⑭ mors 그는 자기 말에 재갈을 물렸다.
⑮ barre 무용수들은 보조봉으로 훈련한다.

Test 3 REMETTEZ LES PHRASES DANS LE BON ORDRE

① Le a l'hôtel dormi à touriste

② Des route la lampadaires éclairent

③ Nous en de l'argent travaillant gagné avons

④ Les beau fait un noces ont mariés de voyage

⑤ Il vélo sait du faire

⑥ Il livres a sur écrit plusieurs même sujet le

⑦ Elle à poursuit Madrid études ses

정답 어순을 바로 잡아보시오.

① Le touriste a dormi à l'hôtel. 여행자는 호텔에서 잤다.
② Des lampadaires éclairent la route. 가로등들이 도로를 밝힌다.
③ Nous avons gagné de l'argent en travaillant. 우리는 일하며 돈을 벌었다.
④ Les mariés ont fait un beau voyage de noces. 부부는 멋진 신혼여행을 했다.
⑤ Il sait faire du vélo. 그는 자전거 탈 줄 안다.
⑥ Il a écrit plusieurs livres sur le même sujet. 그는 같은 주제로 몇 권의 책을 썼다.
⑦ Elle poursuit ses études à Madrid. 그녀는 마드리드에서 진학한다.

Test 4 CRAYON &....

① crayon	dessert
② vin	fermier
③ nuage	écurie
④ cheval	stock
⑤ achat	cave
⑥ programme	gomme
⑦ ministre	lumière
⑧ champ	pluie
⑨ glace	tapis
⑩ moquette	leur
⑪ amitié	entraînement
⑫ lampadaire	spectacle

⑬ exercices   sentiment

⑭ réserve   gouvernement

⑮ pétales   facture

정답 관련된 말끼리 연결하기
① crayon & gomme 연필/지우개 ② vin & cave 와인/저장고
③ nuage & pluie 구름/비 ④ cheval & écurie 말/마구간
⑤ achat & facture 구입/계산서 ⑥ programme & spectacle 프로그램/공연
⑦ ministre & gouvernement 장관/정부 ⑧ champ & fermier 밭/농부
⑨ glace & dessert 아이스크림/디저트 ⑩ moquette & tapis 모케트/양탄자
⑪ amitié & sentiment 우정/감정 ⑫ lampadaire & lumière 가로등/불빛
⑬ exercices & entraînement 연습/훈련 ⑭ réserve & stock 비축/재고 ⑮ pétales & fleur 꽃잎/꽃

Test 5 CHERCHEZ L'ERREUR

① bicyclette, cheval, vélo, tricycle

② métropole, sable, désert, dunes

③ chanter, siffler, fredonner, fatiguer

④ poireau, pamplemousse, citron, orange

⑤ pigeon, lièvre, moineau, rouge-gorge

⑥ solide, robuste, fiable, désagrégé

⑦ égoïsme, fraternité, entraide, solidarité

⑧ monument, statue, pinceau, chef-d'oeuvre

⑨ houblon, pintade, luzerne, maïs

⑩ inventer, imiter, copier, reproduire

⑪ chemise, gilet, corsage, chemisier

⑫ thé, tisane, compote, infusion

⑬ conférence, exposé, colloque, orateur

⑭ habituel, extraordinaire, commun, usuel

⑮ peureux, téméraire, courageux, aventureux

> **정답** 관련 없는 말 찾기

① cheval 말(馬) (자전거, 자전거, 삼륜차) ② métropole 수도, 본토 (모래, 사막, 모래언덕)
③ fatiguer 피곤하게하다 (노래하다, 휘파람을 불다, 콧노래를 하다)
④ poireau [식물] 파 (자몽, 레몬, 오렌지) ⑤ lièvre 산토끼 (비둘기, 참새, 울새)
⑥ désagrégé 분해된, 잘게 부서진 (견고한, 건장한, 신뢰할 만한)
⑦ égoïsme 이기주의 (박애주의, 상호협력, 연대(連帶)결속) ⑧ pinceau 붓, 솔 (기념물, 동상, 걸작)
⑨ pintade 뿔닭 ([식물]홉, 개자리속, 옥수수) ⑩ inventer 발명하다, 고안하다 (모방하다, 복사하다, 재생산하다)
⑪ gilet 조끼 (와이셔츠, 블라우스, 여성용 블라우스) ⑫ compote 과일 설탕 졸임 (차(茶), 탕약, 우려낸 차)
⑬ orateur 웅변가 (회의, 발표, 학회) ⑭ extraordinaire 특별한 (일상적인, 공통의, 일상의)
⑮ peureux 겁 많은, 소심한 (무모한, 용기 있는, 모험을 좋아하는)

Test 6 COMPLÉTEZ LES PHRASES

① Le nouveau gouvernement nous a présenté son _____.   bouillie

② Les enfants déjeunent à la _____ tous les jours.   cirque

③ J'ai besoin d'un _____ pour ma lettre.   grammaire

④ Les ouvriers travaillent à la _____.   timbre

⑤ Les agriculteurs réclament des _____ au gouvernement.   volcan

⑥ Ils ont fait une belle _____ dans les Alpes.   cantine

⑦ Nous sommes allés au _____ avec les enfants.   programme

⑧ Le _____ indique qu'il fera beau demain.   finale

⑨ La Belgique et le Danemark se sont rencontrés en _____.   vendanges

⑩ Le cratère de ce _____ est énorme.   déviation

⑪ Ils ont mis en place une _____ à cause des travaux.   baromètre

⑫ J'ai préparé de la _____ pour le bébé.   subventions

⑬ Je trouve la _____ française très compliqué.   guêpe

⑭ En Champagne, les _____ ont lieu à la fin de l'été.   chaîne

⑮ Il s'est fait piquer par une _____.   randonnée

정답 문장을 완성시키시오.

① programme 새 정부는 우리에게 자신의 계획을 소개했다.
② cantine 어린이들은 매일 구내식당에서 점심을 먹는다.
③ timbre 나는 편지에 부칠 우표가 필요하다.
④ chaîne 노동자들은 생산라인에서 일한다.
⑤ subventions 농부들은 정부에 지원금을 요청한다.
⑥ randonnée 그들은 알프스에서 멋진 산행을 했다.
⑦ cirque 우리는 어린이들과 같이 서커스에 갔다.
⑧ baromètre 기압계는 내일 날씨가 좋을 것으로 나타내고 있다.
⑨ finale 벨기에와 덴마크는 결승전에서 만났다.
⑩ volcan 이 화산의 분화구는 엄청나다.
⑪ déviation 그들은 공사로 인해 우회로를 설치했다.
⑫ bouillie 나는 아기를 위해 죽을 준비했다.
⑬ grammaire 나는 프랑스어 문법이 매우 복잡하다고 생각한다.
⑭ vendanges 샹파뉴에서 포도수확은 여름의 끝에 있다.
⑮ guêpe 그는 말벌에 쏘였다.

Test 7 PAYS & VILLES

① Catherine est née à _____, en Islande.   Oslo
② Carlos est né à _____, au Pérou.   Varsovie
③ Min-Soo est né à _____, en Corée.   Dublin
④ Sabine est née à _____, en Suisse.   Bangkok
⑤ Steven est né à _____, au Canada.   Vienne
⑥ Maria est née à _____, en Argentine.   La Havane
⑦ Aristide est né à _____, au Sénégal.   Bâle
⑧ Lucie est née à _____, en Inde.   Vancouver
⑨ Roberto est né à _____, à Cuba.   Téhéran
⑩ Patrick est né à _____, en Irlande.   Buenos Aires
⑪ Erik est né à _____, en Norvège.   Bombay
⑫ Alexandra est née à _____, en Pologne.   Reykjavik
⑬ Sonia est née à _____, en Thaïlande.   Lima
⑭ Assan est né à _____, en Iran.   Dakar
⑮ Elisabeth est née à _____, en Autriche.   Séoul

> **정답** 국가와 도시

① Reikjavik 카트린느는 아일랜드의 레이캬비크에서 태어났다. ② Lima ③ Séoul ④ Bâle ⑤ Vancouver
⑥ Buenos Aires ⑦ Dakar ⑧ Bombay ⑨ La Havane ⑩ Dublin
⑪ Oslo ⑫ Varsovie ⑬ Bangkok ⑭ Téhéran ⑮ Vienne

Test 8 — MONTRE À GOUSSET

① montre	d'orchestre
② pomme	de douane
③ conte	d'exportation
④ compte	de terre
⑤ moulin	à vent
⑥ chef	à gousset
⑦ licence	d'union
⑧ arc	à vapeur
⑨ droit	policier
⑩ intrument	de fées
⑪ bateau	à café
⑫ trait	à réaction
⑬ roman	de triomphe
⑭ avion	de réunion
⑮ salle	à rebours

> **정답** 합성어 만들기

① montre à gousset 회중시계 ② pomme de terre 감자
③ conte de fées 동화 ④ compte à rebours 카운트다운, 역산
⑤ moulin à café 커피 빻는 기계 ⑥ chef d'orchestre 오케스트라 지휘자
⑦ licence d'exportation 수출 허가 ⑧ arc de triomphe 개선문
⑨ droit de douane 관세(關稅) ⑩ instrument à vent 관악기
⑪ bateau à vapeur 증기선 ⑫ trait d'union 연결부호
⑬ roman policier 추리소설 ⑭ avion à réaction 제트기 ⑮ salle de réunion 회의실

Test 9   "ET" OU "EST"?

① Mon frère _____ très gourmand.

② Il ne faut pas mélanger les serviettes _____ les torchons.

③ Cet homme _____ toujours cité en exemple.

④ Il _____ préférable que tu restes chez toi.

⑤ Les enfants construisent des châteaux avec leurs pelles _____ leurs seaux.

⑥ Sa robe rouge _____ blanche lui va comme un gant.

⑦ Le réfrigérateur _____ en panne.

⑧ Il _____ prêt à tout pour obtenir cette place.

⑨ Nous avons mangé de la viande _____ des légumes.

⑩ Mon père _____ ma mère voyagent beaucoup.

⑪ Il _____ très susceptible.

⑫ Il _____ fort possible qu'il vienne ici l'été prochain.

⑬ La boucherie _____ en bas de la rue à gauche.

⑭ J'ai prévu des jus de fruits _____ des biscuits pour les enfants.

⑮ Sa chambre _____ toujours bien rangée.

정답 et인가 est 인가?

① est 내 형제는 매우 대식가이다.
② et 냅킨과 행주를 혼동하면 안 된다.
③ est 이 분은 늘 본보기로 인용된다.
④ est 너는 집에 있는 것이 낫겠다.
⑤ et 어린이들은 삽과 양동이로 성을 만든다.
⑥ et 그녀의 붉고 흰 원피스는 마치 장갑처럼 그녀에게 잘 어울린다.
⑦ est 냉장고는 고장이 났다.
⑧ est 이 자리를 얻기 위해 그는 모든 일을 할 준비가 되어 있다.
⑨ et 우리는 고기와 야채를 먹었다.
⑩ et 나의 아버지와 어머니는 여행을 많이 한다.
⑪ est 그는 매우 자존심이 강하다.
⑫ est 그가 올 여름에 여기 올 가능성이 매우 크다.
⑬ est 정육점은 왼쪽 길 아래쪽에 있다.
⑭ et 나는 어린이들을 위해 과일주스와 비스킷을 마련해두었다.
⑮ est 그의 방은 늘 정돈이 잘 되어 있다.

Test 10 INTRUS

① transfert, transformation, transmission, translation
② framboise, aubergine, poivron, courgette
③ rhume, grippe, angine, bronzage
④ baroque, peinture, gothique, classique
⑤ enseignant, éducateur, étudiant, professeur
⑥ écharpe, casquette, képi, bonnet
⑦ jeune, teenager, adolescent, retraité
⑧ proximité, télécommande, radiocommande, téléguidage
⑨ déclarer, se taire, proclamer, divulgeur
⑩ seulement, uniquement, ensemble, exclusivement,
⑪ sévère, sympathique, strict, exigeant
⑫ savon, poussière, lessive, détergent
⑬ ski, sports d'hiver, luge, mer
⑭ classeur, lettre, caractère, idéogramme
⑮ aménager, installer, allumer, équiper

정답 관련 없는 말 가려내기

① transformation 변신 (전환, 전달, 이동)
② framboise 나무딸기 (가지, 고추, 긴 호박)
③ bronzage 선탠 (감기, 유행성 감기, 인두염)
④ peinture 회화 (바로크 양식, 고딕 양식, 고전주의)
⑤ étudiant 학생 (교원, 교육자, 교사)
⑥ écharge 스카프 (챙달린 모자, 군인 모자, 챙 없는 모자)
⑦ retraité 은퇴자 (젊은이, 10대, 청소년)
⑧ proximité 근접, 임박 (원격조정, 무선 조종, 무선 유도)
⑨ se taire 잠자코 있다 (선언하다, 선포하다, 공표하다)
⑩ ensemble 함께 (단지, 유일하게, 독점적으로)
⑪ sympathique 동정인인 (엄격한, 엄정한, 요구가 많은)
⑫ poussière 먼지 (비누, 세제, 세척제)
⑬ mer 바다 (스키, 동계스포츠, 썰매)
⑭ classeur 분류기 (글자, 철자, 표의문자)
⑮ allumer 불붙이다 (정리하다, 설치하다, 장비를 갖추다)

Test 11 TRIANGLE & ...

① triangle
② rame
③ vitrail
④ potier
⑤ chapitre
⑥ séropositif
⑦ chant
⑧ scène
⑨ rayon
⑩ cessez-le-feu
⑪ devises
⑫ essence
⑬ camomille
⑭ protestantisme

pièce de théâtre
sida
station-service
rectangle
artisan
traité de paix
tisane
chorale
alpinisme
roman
religion
barque
cathédrale
bureau de change

정답 관련있는 명사끼리 연결해보시오.
① triangle & rectangle 삼각형/사각형
② rame & barque 노/배
③ vitrail & cathédrale 스테인드글라스/대성당
④ potier & artisan 도기 제조인/장인(匠人)
⑤ chapitre & roman 책의 장(章)/소설
⑥ séropositif & sida 양성 혈청 보유자/에이즈
⑦ chant & chorale 노래/합창
⑧ scène & pièce de théâtre 장면/연극
⑨ rayon & laser 광선/레이저
⑩ cessez-le-feu & traité de paix 휴전/평화협정
⑪ devises & bureau de change 외화(外貨)/환전소
⑫ essence & station-service 휘발유/주유소
⑬ camomille & tisane 카밀레 차/차(茶)
⑭ protestantisme & religion 개신교/종교
⑮ rocher & alpinisme 바위/등반

Test 12 EPITHÈTES ET QUALIFICATIFS

ex ravissante   petite   acides   fidèle   tempérée   humanitaire   rajeunissant
bondé   aînée   médiévale   pittoresque   électrique   médical
applaudie   pochés

① Cette association _____ s'occupe des réfugiés du Rwanda.

② Nous avons mangé des œufs _____ hier soir.

③ Aubagne est un village provençal _____.

④ J'ai pris un rendez-vous au cabinet _____ pour mon angine.

⑤ L'histoire _____ m'intéresse beaucoup.

⑥ Cet appareil _____ doit être branché sur une prise de 220 V.

⑦ Sa prestation a été très _____.

⑧ La mariée portait une robe _____.

⑨ Nous vivons dans une zone _____.

⑩ Les pluies _____ ont des conséquences néfastes sur les forêts.

⑪ Elle est partie en randonée avec sa soeur _____.

⑫ C'est un ami très _____.

⑬ Ils sont partis dans un train _____.

⑭ Nous avons observé une _____ pause entre les deux cours.

⑮ Cette crème a un effet _____.

정답 / 부가형용사와 품질형용사

① humanitaire 이 인도주의 협회는 르완다 난민들을 돌본다.
② pochés 우리는 어제 저녁에 껍질을 깨고 삶은 계란을 먹었다.
③ pittoresque 오바뉴는 경치가 그림 같은 프로방스 지방의 마을이다.
④ médical 나는 인두염 치료를 위해 병원에 예약했다.
⑤ médiévale 나는 중세 역사에 관심이 많다.
⑥ électrique 이 전기기구는 220볼트에 접속해야한다.
⑦ applaudie 그의 연기는 큰 박수갈채를 받았다.
⑧ ravissante 신부는 눈부신 드레스를 입고 있었다.
⑨ tempérée 우리는 온대 지역에 살고 있다.
⑩ acides 산성비는 숲에 해를 끼치는 결과를 가져온다.
⑪ aînée 그녀는 자기 언니와 하이킹을 떠났다.
⑫ fidèle 매우 신실한 친구다.   ⑬ bondé 그들은 만원인 열차로 떠났다.
⑭ petite 우리는 두 개의 수업 사이에 짧은 휴식을 취했다.
⑮ rajeunissant 이 크림은 젊게 보이는 효과를 갖고 있다.

Test 13 FEUILLES MORTES & ....

① feuilles mortes
② journal
③ dent
④ mari
⑤ maladie
⑥ mosquée
⑦ boxe
⑧ céréales
⑨ kilogramme
⑩ avion
⑪ vote
⑫ chapiteau
⑬ empereur
⑭ nomades
⑮ têtard

poids
rémède
nouvelles
oasis
cirque
mâchoire
empire
aéroport
grenouille
islam
automne
champ
femme
suffrage universel
ring

정답 관련된 말끼리 연결하시오.

① feuilles mortes & automne 낙엽/가을
② journal & nouvelles 신문/새 소식
③ dent & mâchoire 치아/턱
④ mari & femme 남편/아내
⑤ maladie & remède 질병/치료제
⑥ mosquée & islam 회교사원/이슬람
⑦ boxe & ring 복싱/링
⑧ céréales & champ 곡식/밭
⑨ kilogramme & poids 킬로그램/무게
⑩ avion & aéroport 비행기/공항
⑪ vote & suffrage universel 투표/보통선거
⑫ chapiteau & cirque 곡마단/서커스
⑬ empereur & empire 황제/제국
⑭ nomades & oasis 유목/오아시스
⑮ têtard & grenouille 올챙이/개구리

Test 14 SORTIR & ENTRER

① sortir   ridé
② pair   payant
③ fou   se réveiller
④ mort   apte
⑤ exceptionnel   impair
⑥ dormir   sensé
⑦ perdre   ordinaire
⑧ proche   acquérir
⑨ incapable   entrer
⑩ gratuit   apaisant
⑪ extérioriser   trouver
⑫ lisse   intérioriser
⑬ liquider   passé
⑭ angoissant   éloigné
⑮ avenir   vie

정답 반대말끼리 연결해보시오.
① sortir & entrer 나가다/들어오다
② pair & impair 짝수/홀수
③ fou & sensé 미친/분별 있는
④ mort & vie 죽음/삶
⑤ exceptionnel & ordinaire 예외적인/보통의
⑥ dormir & se réveiller 잠자다/잠에서 깨다
⑦ perdre & trouver 분실하다/찾다
⑧ proche & éloigné 가까운/먼
⑨ incapable & apte 무능한/ 능력 있는
⑩ gratuit & payant 무료의/유료의
⑪ extérioriser & intérioriser 표출하다/내면화하다
⑫ lisse & ridé 매끈한/주름진
⑬ liquider & acquérir 청산하다/획득하다
⑭ angoissant & apaisant 매우 걱정스러운/편안하게 하는
⑮ avenir & passé 미래/과거

Test 15　SUR LA ROUTE

① Il faut les allumer quand la nuit tombe.

② Il est possible de l'incliner pour dormir.

③ Il est utile pour indiquer que l'on veut tourner.

④ Il permet de voir les voitures qui suivent.

⑤ Il permet de ranger des bagages.

⑥ Elle permet de ranger des accessoires à l'avant.

⑦ En cas de crevaison, il vaut mieux en avoir une.

⑧ On le remplit de cardurant dans une station-service.

⑨ Les enfants sont assis dessus.

⑩ Il permet de guider les roues.

⑪ En cas d'accident, il absorbe les chocs.

⑫ Ils sont utiles lorsqu'il pleut.

⑬ Plus on appuie dessus, plus on va vite.

⑭ Il permet de changer de vitesse.

⑮ On peut poser sa tête dessus.

정답 자동차 부품 이름 찾기

① les phares 헤드라이트
② le siège 의자
③ le clignotant 방향지시등, 깜박이
④ le rétroviseur 백미러
⑤ le coffre 트렁크
⑥ la boîte à gants 장갑 넣어두는 박스
⑦ une roue de secours 구조용 바퀴
⑧ le réservoir 연료 탱크
⑨ la banquette arrière 뒷좌석
⑩ le volant 핸들
⑪ le pare-chocs 범퍼
⑫ les essuie-glace 와이퍼
⑬ la pédale d'accélérateur 가속 페달
⑭ le levier de vitesses 변속기어 레버
⑮ l'appuie-tête 머리받침

04 기본어휘 2

Test 1 MOTS COMPOSÉS

① pied   de tennis
② clé   d'emploi
③ épingle   de théâtre
④ court   vertébrale
⑤ issue   de biche
⑥ chemin   à molette
⑦ chef   au levain
⑧ piano   de loi
⑨ talon   divers
⑩ pièce   à queue
⑪ pain   à nourrice
⑫ projet   aiguille
⑬ colonne   de file
⑭ faits   de secours
⑮ mode   de traverse

정답 / 합성어 만들기

① pied de biche 가구의 굽은 다리 ② clé à molette 몽키 스패너 ③ épingle à nourrice 안전핀
④ court de tennis 테니스 코트 ⑤ issue de secours 비상구 ⑥ chemin de traverse 지름길
⑦ chef de file 지도자, 우두머리 ⑧ piano à queue 그랜드 피아노 ⑨ talon aiguille 하이힐 구두
⑩ pièce de théâtre 연극 한편 ⑪ pain au levain 효모를 쓴 빵 ⑫ projet de loi 법률안
⑬ colonne vertébrale 척추 ⑭ faits divers 신문 사회면 기사 ⑮ mode d'emploi 사용방법

Test 2 TROUVEZ L'INTRUS

① épais, dru, clairsemé, touffu
② haricots verts, petits pois, chou, thym
③ logement, arbre, habitat, demeure
④ orthographe, grammaire, conjugaison, effaceur
⑤ avalanche, lune, soleil, planète
⑥ passion, désintérêt, ardeur, impulsion
⑦ Pays-Bas, Chine, Noël, Afrique du Sud
⑧ rejet, introduction, présentation, intégration
⑨ varier, préserver, changer, diversifier
⑩ sonate, concerto, fugue, accordéoniste
⑪ rideau, store, balcon, volet
⑫ montagne, gentiane, edelweiss, bleuet
⑬ poids, javelot, volley, disque
⑭ ceinture, costume, habit, complet
⑮ bêtise, sottise, idiotie, intelligence

정답 관련 없는 말을 가려내보시오.
① clairsemé 듬성듬성한 (숲이 많은, 빽빽한, 울창한)
② thym 백리향 (강낭콩, 완두콩, 양배추)
③ arbre 나무 (주거지, 주거 환경, 주거)
④ effaceur 잉크 지우는 수성 펜 (철자, 문법, 동사변화)
⑤ avalanche 눈사태 (달, 태양, 행성)
⑥ désinetérêt 무관심 (열정, 열의, 추진력)
⑦ Noël 크리스마스 (네덜란드, 중국, 남아공)
⑧ rejet 거절(도입, 소개, 통합)
⑨ préserver 보존하다 (변경하다, 바꾸다, 다양화하다)
⑩ accordéoniste 아코디언 연주자 (소나타, 협주곡, 둔주곡)
⑪ balcon 발코니 (커튼, 블라인드, 덧창)
⑫ montagne 산 ([식물] 용담속, 에델바이스, 수레국화)
⑬ volley 배구 (투포환, 투창, 원반)
⑭ ceinture 벨트(의상, 복장, 정장)
⑮ intelligence 지성(어리석음, 우둔함, 우매함)

Test 3 COMPLÉTEZ

① Les végétariens ne mangent pas de _____.   mérite
② Nous envisageons de _____ au bord de l'eau.   passé simple
③ Ce piano a besoin d'être _____ .   prise
④ Nous avons acheté du _____ pour tapisser   viande
   la chambre.
⑤ Connais-tu le _____ de verbe coudre?   assez
⑥ Toute peine _____ salaire.   accordé
⑦ Ils m'ont offert un service à thé en _____.   agneau
⑧ Je ne sais pas faire les nœuds de _____.   brosse à dents
⑨ Je suis passée à l' _____ pour récupérer   papier peint
   les billets.
⑩ La brebis vient de mettre au monde un _____.   transpirer
⑪ J'en ai _____ de t'entendre pleurer.   câble
⑫ J'ai trouvé ma _____, mais pas le dentifrice.   cravate
⑬ Sur quelle _____ faut-il brancher la radio?   agence de voyages
⑭ Reçois-tu la télévision par _____?   camper
⑮ La chaleur nous faisait _____ à grosses gouttes.   porcelaine

---

정답 합문장을 완성시키시오.
① viande 채식주의자는 고기를 먹지 않는다.
② camper 우리는 물가에서 캠핑할 계획이다.
③ accordé 이 피아노는 조율할 필요가 있다.
④ papier peint 우리는 방을 도배하려고 벽지를 샀다.
⑤ passé simple 단순과거 Coudre동사의 단순과거를 알고 있니?
⑥ mérite 모든 노력에는 대가가 따른다.
⑦ porcelaine 그들은 내게 도자기 그릇에 차를 대접했다.
⑧ cravate 나는 나비넥타이를 맬 줄 모른다.
⑨ agence de voyages 나는 티켓을 찾기 위해 여행사에 갔다.
⑩ agneau 암양이 방금 새끼 양을 나았다.
⑪ assez 너의 우는 소리 들어주는 것도 지겹다.
⑫ brosse à dents 나는 칫솔을 찾았는데 치약은 못 찾았다.
⑬ prise 어떤 플러그에 라디오를 접속해야하나요?
⑭ câble 너는 케이블 TV 보니?
⑮ transpirer 열기로 우리는 굵은 땀을 흘린다.

Test 4 — PRÉPOSITIONS DE LIEU

① Nous avons rendez-vous _____ la Tour Montparnasse.
② Nous avons déjeuné _____ l'eau.
③ _____ lui, je ne connais personne ici.
④ J'ai passé l'été _____ mes grands-parents.
⑤ Le jardin est caché _____ la maison.
⑥ La voiture accidentée était _____ la route.
⑦ _____ le café et le thé, je préfère le thé.
⑧ Le chômage est _____ leurs préoccupations.
⑨ Il a posé son vélo _____ le mur.
⑩ Je suis monté _____ l'échelle pour trouver des cerises mûres
⑪ Je n'habite pas _____ mon lieu de travail.
⑫ Pose tes mains _____ la table!
⑬ Je me suis adressé à la concierge _____ l'immeuble.
⑭ Elle portait une corbeille de linge _____ son bras.
⑮ Elle est née _____ un petit village charmant.

정답 장소의 전치사

① au peid de 우리는 몽파르나스 타워 아래서 약속했다.
② au bord de 우리는 물가에서 점심식사를 했다.
③ en dehors de 그를 제외하면 나는 여기서 아무도 모른다.
④ chez 나는 조부모님 댁에서 여름을 보냈다.
⑤ derrière 정원은 집 뒤에 숨겨져 있다.
⑥ en travers de 사고차량은 도로를 가로질러 있었다.
⑦ entre 커피와 차 가운데 나는 차를 선호해한다.
⑧ au centre de 실업문제가 그들의 걱정 중에 중심에 있다.
⑨ contre 그는 자전거를 벽에 기대어 놓았다.
⑩ en haut de 나는 익은 체리를 찾기 위해 사다리 위쪽으로 올라갔다.
⑪ loin de 나는 내 일터에서 멀지 않은 곳에 산다.
⑫ sur 손을 탁자 위에 올려놓아라.
⑬ à l'entrée de 나는 건물입구에서 건물관리인에게 말을 걸었다.
⑭ sous 그녀는 빨래 바구니를 팔에 끼고 나르고 있었다.
⑮ dans 그녀는 매력적인 작은 마을에서 태어났다.

Test 5 — NEIGE & SPORTS D'HIVER

① neige
② baignoire
③ abeille
④ sud
⑤ sauterelle
⑥ carnaval
⑦ séisme
⑧ éruption
⑨ nuage
⑩ soldat
⑪ buste
⑫ amphithéâtre
⑬ diamètre
⑭ vers
⑮ orteil

point caradinal
volcan
cercle
statue
tremblement de terre
miel
pied
grillon
sports d'hiver
université
cumulus
poésie
arme
salle de bains
défilé

정답 관련된 말끼리 연결하시오.

① neige & sports d'hiver 눈/동계스포츠
② baignoire & salle de bains 욕조/욕실
③ abieille & miel 꿀벌/꿀
④ sud & point cardinal 남쪽/방위기점
⑤ sauterelle & grillon 메뚜기/귀뚜라미
⑥ carnaval & défilé 카니발/퍼레이드
⑦ séisme & tremblement de terre 지진(地震)/지진
⑧ éruption & volcan 화산폭발/화산
⑨ nuage & cumulus 구름/뭉게구름
⑩ soldat & arme 사병/무기
⑪ buste & statue 반신상(半身像)/동상
⑫ amphithéâtre & université 계단강의실/대학교
⑬ diamètre & cercle 직경/원
⑭ vers & poésie 운문/시
⑮ orteil & pied 발가락/발

Test 6 — DE LA TÊTE AUX PIEDS

① Ils vous permettent de voir.

② Ils vous permettent de marcher et de courir.

③ C'est par là que vous respirez.

④ Elles vous permettent d'entendre et d'écouter.

⑤ Chaque main en compte cinq.

⑥ Elle vous permet de parler.

⑦ Sans elles, vous ne pourriez pas mâcher.

⑧ Ils vous permettent d'embrasser.

⑨ Il vous permet de réfléchir.

⑩ Il bat en permanence.

⑪ Ils se cassent parfois.

⑫ Il est au milieu du vente.

⑬ Elles forment la colonne vertébrale.

⑭ Ceux des cyclistes sont très musclés.

⑮ Il supporte la tête.

정답 신체 부위

① les yeux 눈 ② les peids 발 ③ le nez 코
④ les oreilles 귀 ⑤ les doigts 손가락 ⑥ la bouche 입
⑦ les dents 치아 ⑧ les bras 팔 ⑨ le cerveau 뇌
⑩ le cœur 심장 ⑪ les os 뼈 ⑫ le nombril 배꼽
⑬ les vertèbres 척추 ⑭ les mollets 장딴지 ⑮ le cou 목

Test 7 COMPLÉTEZ LES PHRASES

① Son _____ n'a pas nécessité d'anesthésie.   serrue
② Il joue au golf en _____.   poulailler
③ Elle a emmené son_____ à la messe.   patient
④ Le _____ de cette société n'est pas très élevé.   larme
⑤ Elle a ramassé les œufs au _____.   amateur
⑥ Le _____ de cette mosquée est très élevé.   visage
⑦ Elle a un _____ tout rond et des petites mains potelées.   peine
⑧ Il n'a versé aucune _____ lorsque ses parents sont partis.   bibliothèque
⑨ J'ai acheté une _____ pour ranger mes livres.   chiffre d'affaires
⑩ Nous n'arrivons pas à enfoncer la clé dans la _____.   livre de prières
⑪ Le _____ attendait le médecin en salle d'attente.   opération
⑫ Il s'est donné beaucoup de _____ pour réussir.   épines
⑬ Attention aux _____ du rosier!   minaret

정답 다음 문장을 완성시키시오.

① opératon 그의 수술은 마취를 필요로 하지 않았다.
② amateur 그는 아마추어로 골프를 한다.
③ livre de prières 그녀는 미사에 기도서를 갖고 갔다.
④ chiffre d'affiares 이 회사의 사업실적은 그다지 오르지 않았다.
⑤ poulailler 그녀는 닭장에서 계란을 모았다.
⑥ minaret 회교사원의 첨탑은 높이 솟아 있다.
⑦ visage 그녀는 아주 둥근 얼굴과 통통한 손을 갖고 있다.
⑧ larme 그는 부모님이 떠났을 때 전혀 울지 않았다.
⑨ bibliothèque 나는 책들을 정리하려고 책장을 하나 구입했다.
⑩ serrure 우리는 자물쇠에 열쇠를 깊이 넣을 수 없다.
⑪ patient 환자는 대합실에서 의사를 기다린다.
⑫ peine 그는 성공하기 위해 많은 노력을 했다.
⑬ épines 장미가시에 주의 하세요.

Test 8 SUBSTANTIFS ET ADJECTIFS

① mandat
② commerce
③ nombre
④ orbite
⑤ acide
⑥ proposition
⑦ prévisions
⑧ marée
⑨ étoile
⑩ lieu
⑪ poème
⑫ disque
⑬ temps
⑭ moelle
⑮ flûte

météorologiques
mort
dur
traversière
épique
polaire
cardinal
épinière
planétaire
direct
haute
extérieur
subordonnée
commun
gras

정답 명사와 형용사를 연결해보시오.

① mandat direct 직접 위임
② commerce extérieur 무역
③ nombre cardinal 기수(基數)
④ orbite planétaire 행성 궤도
⑤ acide gras 지방산(脂肪酸)
⑥ proposition subordonnée 종속절
⑦ prévisions météorologiques 일기예보
⑧ marée haute 만조(滿潮)
⑨ étoile polaire 북극성
⑩ lieu commun 상투적인 말
⑪ poème épique 서사시
⑫ disque dur 하드 디스크
⑬ temps mort 공백 기간, 루즈 타임
⑭ moelle épinière 척수(脊髓)
⑮ flûte traversière 연주용 플루트

Test 9 SANS & ARRÊT?

① dès   revoir
② au lieu   et sauf
③ sans   que possible
④ conçu   exception
⑤ prêt   de danger
⑥ à haut   pour
⑦ édition   qui peut
⑧ hors   convenu
⑨ sauve   arrêt
⑩ sans autre forme   souhaits
⑪ au   à tout
⑫ sain   de procès
⑬ sauf   limitée
⑭ comme   risque
⑮ à vos   de

정답 연결해서 표현을 만들어보시오.
① dès que possible 가능한 한 빨리
② au lieu de ~ 대신에
③ sans arrêt 끊임없이
④ conçu pour ~를 위해 고안된
⑤ prêt à tout 어떤 일이라도 할 각오가 되어 있는
⑥ à haut risque 범죄나 질병 발생률이 높은
⑦ édition limitée 한정판(限定版)
⑧ hors de danger 위험에서 벗어난
⑨ sauve qui peut 제주껏 도망쳐라
⑩ sans autre forme de procès 정식 절차를 밟지 않고
⑪ au revoir 안녕
⑫ sain et sauf 무사히
⑬ sauf exception 예외 없이
⑭ comme convenu 예정대로
⑮ à vos souhaits (재채기하는 사람에게) 시원하겠습니다.

Test 10 ELIMINEZ L'INTRUS

① rusé, simplet, futé, malin
② argent, étoffe, tissu, textile
③ étonner, ignorer, surprendre, déconcerter
④ éviter, provoquer, empêcher, prévenir
⑤ progrès, évolution, développement, recul
⑥ maladroit, doué, malhabile, gauche
⑦ persil, pivoine, jonquille, marguerite
⑧ croître, augmenter, agrandir, rétrécir
⑨ portefeuille, rouge à lèvres, porte-monnaie, bourse
⑩ aérer, cuire, bouillir, griller
⑪ massacre, tuerie, boucherie, paix
⑫ ériger, élever, démolir, dresser
⑬ époque, endroit, période, ère
⑭ serviette, pilule, cachet, granule
⑮ tragique, dramatique, terrible, bénin

정답 관련 없는 말을 가려내보시오.
① simplet 지나치게 단순한 (교활한, 약삭빠른, 약은)
② argent 은(銀), 돈 (직물, 천, 옷감)
③ ignorer 무시하다 (놀라게 하다, 깜짝 놀라게 하다, 조화를 깨뜨리다)
④ provoquer 도발하다 (피하다, 방해하다, 신고하다)
⑤ recul 후퇴 (성장, 진화, 발전)
⑥ doué 재능을 타고난 (서투른, 미숙한, 어둔한)
⑦ persil 파슬리 (작약, 황수선화, 데이지)
⑧ rétrécir 축소하다 (성장하다, 증가하다, 커지다)
⑨ rouge à lèvres 루즈 (지갑, 동전지갑, 돈주머니)
⑩ aérer 환기시키다 (굽다, 끓다, 석쇠로 굽다)
⑪ paix 평화 (학살, 대량살육, 살육전)
⑫ démolir 파괴하다 (건립하다, 올리다, 세우다)
⑬ endroit 장소 (시절, 시대, 시기)
⑭ serviette 수건, 냅킨 (환약, 정제(錠劑), 작은 환약)
⑮ bénin 온유한 (비극적인, 극적인, 끔찍한)

Test 11 ACHAT & VENTE

① achat
② ferme
③ rare
④ fermeture
⑤ fonctionner
⑥ mélodieux
⑦ affamé
⑧ mineur
⑨ nord
⑩ libérer
⑪ inondation
⑫ différent
⑬ se dépêcher
⑭ dette
⑮ privé

ouverture
cacophonique
prendre son temps
mou
sécheresse
emprisonner
sud
vente
identique
crédit
majeur
public
fréquent
repu
tomber en panne

정답 반대말을 찾으시오.

① achat & vente 구입/판매
② ferme & mou 굳은/무른
③ rare & fréquent 희귀한/흔한
④ fermeture & ouverture 닫기/열기
⑤ fonctionner & tomber en panne 작동하다/고장 나다
⑥ mélodieux & cacophonique 듣기 좋은/ 귀에 거슬리는
⑦ affamé & repu 굶주린/포식한
⑧ mineur & majeur 미성년자/성인
⑨ nord & sud 북/남
⑩ libérer & emprisonner 석방하다/구속하다
⑪ inondation & sécheresse 홍수/가뭄
⑫ différent & identique 다른/같은
⑬ se dépêcher & prendre son temps 서두르다/여유를 갖다
⑭ dette & crédit 빚/신용
⑮ privé & public 사적인/공공의

Test 12 RECONSITUEZ LES PHRASES SUIVANTES

① Picasso peintres préféres de est mes l'un

② Nous bouillir l'eau fait avons haricots de les pour

③ Les cette sont vitraux de colorés très cathédrale

④ Nous assisté a soleil éclipse une avons de

⑤ Elle famille fête Noël en toujours

⑥ La très montée vite est marée

⑦ Nous microscope des avons au cellules observé

정답 어순을 바로 잡아보시오.

① Picasso est l'un de mes peintres préférés. 피카소는 내가 좋아하는 화가 가운데 한 사람이다.
② Nous avons fait bouillir de l'eau pour les haricots. 우리는 강낭콩을 위해 물을 끓였다.
③ Les vitraux de cette cathédrale sont très colorés. 이 대성당의 스테인드글라스는 많이 채색되어 잇다.
④ Nous avons assisté à une éclipse de soleil. 우리는 일식(日蝕)을 보았다.
⑤ Elle fête toujours Noël en famille. 그녀는 늘 가족과 함께 크리스마스를 보낸다.
⑥ La marée est montée très vite. 밀물은 급속히 올라왔다.
⑦ Nous avons observé des cellules au microscope. 우리는 세포를 현미경으로 관찰했다.

Test 13 CHACUN SA PROFESSION

① un pilote

② un gendarme

③ un boucher

④ un libraire

⑤ un maître d'hôtel

⑥ un clown

⑦ un petit rat

⑧ un mineur

⑨ un peintre

⑩ un réalisateur de films

⑪ un comédien

⑫ un boulanger

⑬ un épicier

⑭ un garde forestier

⑮ un cosmonaute

정답 이들이 일하는 곳은?
① dans un avion 비행기 안 ② dans la rue 길거리에서 ③ dans une boucherie 정육점에서
④ dans une librairie 서점에서 ⑤ dans un restaurant 레스토랑에서
⑥ dans un cirque 서커스에서 ⑦ à l'opéra 오페라에서 ⑧ à la mine 광산에서
⑨ dans un atelier 아틀리에에서 ⑩ sur un plateau de tournage 영화촬영장에서
⑪ au théâtre 공연장에서 ⑫ dans une boulangerie 빵집에서 ⑬ dans une épicerie 식품점에서
⑭ dans une forêt 숲에서 ⑮ dans un véhicule spatial 우주선에서

Test 14 SEUL & ACCOMPAGNÉ

① seul   secondaire
② amour   réalité
③ fondre   rémunération
④ se lever   accompagné
⑤ bénévolat   obéir
⑥ rêve   immigrer
⑦ onde courte   lymphatique
⑧ échouer   réussir
⑨ gain   congeler
⑩ émigrer   déclin
⑪ ordonner   inné
⑫ primordial   onde longue
⑬ essor   perte
⑭ acquis   haine
⑮ actif   s'asseoir

정답 반대말을 찾아보시오.
① seul & accompagné 혼자/ 같이 ② amour & haine 사랑/증오 ③ fondre & congeler 녹이다/얼리다
④ se lever & s'asseoir 일어나다/앉다 ⑤ benevolat & remunération 무료자원봉사/급여

⑥ rêve & réalité 꿈/현실 ⑦ onde courte & onde longue 단파/장파
⑧ échouer & réussir 실패하다/성공하다 ⑨ gain & perte 이익/손실
⑩ émigrer & immigrer 이민을 가다/이민 오다 ⑪ ordonner & obéir 명령하다/복종하다
⑫ primordial & secondaire 우선적인/부차적인 ⑬ essor & déclin 도약/하락
⑭ acquis & inné 후천적으로 얻은/타고난 ⑮ actif & lymphatique 능동적인/느릿한

Test 15 RETROUVEZ L'INTRUS

① importun, gênant, insupportable, agréable
② taxe, gratuité, impôt, fisc
③ insignifiant, impressionnant, grandiose, émouvant
④ déplorable, regrettable, affligeant, souhaitable
⑤ habiller, dénuder, vêtir, accoutrer
⑥ fable, réalité, poème, conte
⑦ lunettes, jumelles, binocles, nez
⑧ fier, modeste, arrogant, prétentieux
⑨ clair, limpide, sombre, transparent
⑩ vide, plein, complet, rempli
⑪ tuer, donner naissance, assassiner, abattre
⑫ dangereux, périlleux, risqué, sûr
⑬ mépriser, dédaigner, aimer, négliger
⑭ pyjama, pantoufle, savate, chausson
⑮ casser, réparer, briser, fracturer

정답 관련 없는 말을 가려내시오.
① agréable 유쾌한 (귀찮은, 성가신, 참기 어려운) ② gratuité 무상, 무료 (세금, 조세, 재정)
③ insignifiant 무의미한 (인상적인, 웅장한, 감동적인) ④ souhaitable 바람직한 (개탄할만한, 유감인, 비통한)
⑤ dénuder 벌거벗기다 (옷 입히다, 걸치다, 우스꽝스럽게 옷을 입히다) ⑥ réalité 현실 (우화, 시, 콩트)
⑦ nez 코 (안경, 쌍안경, 코안경) ⑧ modeste 겸허한 (자랑스러운, 오만한, 거만한)
⑨ sombre 어두운 (밝은, 맑은, 투명한) ⑩ vide 텅 빈 (가득 찬, 완전한, 채워진)
⑪ donner naissance 낳다 (죽이다, 살해하다, 제거하다) ⑫ sûr 분명한 (위험한, 위태로운, 위기에 처한)
⑬ aimer 사랑하다(멸시하다, 무시하다, 소홀히 하다) ⑭ pyjama 파자마 (슬리퍼, 실내화, 덧신)
⑮ réparer 수리하다(깨다, 부수다, 부러뜨리다)

05 단어와 표현 1

Test 1 JOUER À UN JEU

① jouer   en grève
② regarder   un problème
③ partir   la télévision
④ juger   une maladie
⑤ allumer   en vacances
⑥ participer   sa chambre
⑦ louer   le français
⑧ se mettre   à un spectacle
⑨ régler   de la musique
⑩ obéir   une affaire
⑪ enseigner   un appartement
⑫ ranger   aux ordres
⑬ soigner   aux échecs
⑭ écouter   un feu
⑮ assister   à un concours

정답 말이 되도록 연결해보시오.
① jouer aux échecs 체스를 하다   ② regarder la télévision 텔레비전을 시청하다
③ partir en vacances 휴가를 떠나다   ④ juger une affaire 사업을 평가하다
⑤ allumer un feu 불을 붙이다   ⑥ participer à un concours 대회에 참가하다
⑦ louer un appartement 아파트를 임대하다   ⑧ se mettre en grève 파업에 돌입하다
⑨ régler un problème 문제를 해결하다   ⑩ obéir aux ordres 명령에 복종하다
⑪ enseigner le français 프랑스어를 가르치다   ⑫ ranger sa chambre 자기 방을 정돈하다
⑬ soigner une maladie 질병을 관리하다   ⑭ écouter de la musique 음악을 듣다
⑮ assister à un spectacle 공연을 관람하다

Test 2   TROUVEZ LES EXPRESSIONS ÉQUIVALETES

① Je n'y peux rien.
    a. A toi de jouer.
    b. Ce n'est pas de ma faute.
    c. Je suis un incapable.

② Il n'en est pas question!
    a. Je ne suis pas d'accord.
    b. J'attends sa réponse.
    c. Je veux bien en discuter.

③ Il s'est emporté un peu vite.
    a. Il a souri.
    b. Il s'est mis en colère.
    c. Il n'a pas réagi.

④ Ça ne sert à rien.
    a. Je suis mécontent.
    b. Je n'ai vu personne.
    c. C'est inutile.

⑤ Je suis mal à l'aise.
    a. Je n'ai plus d'argent.
    b. Je suis en pleine forme.
    c. Je ne me sens pas bien.

⑥ Débrouille-toi!
    a. Arrange-toi pour résoudre le problème!
    b. Va moins vite!
    c. Dépêche-toi!

정답 같은 의미를 가진 문장을 찾아보시오.
① b 그것은 내 잘못이 아닙니다.
② a 나는 동의할 수 없습니다.
③ b 그는 화를 내기 시작했다.
④ c 아무 소용없는 것이다.
⑤ c 나는 전혀 편하지 않다.
⑥ a 네가 알아서 문제를 해결해라.

Test 3 LOCUTIONS

① Il n'y a pas de fumée   à zéro
② les deux font   l'appétit
③ tourner   vaincu
④ prendre ses désirs   franc jeu
⑤ jamais deux   ni trompette
⑥ les voyages forment   la paire
⑦ jouer   à vif
⑧ perdre   en rond
⑨ mettre   magique
⑩ avoir les nerfs   la jeunesse
⑪ partir sans tambour   et d'essai
⑫ ne pas s'avouer   pour des réalités
⑬ repartir   sans feu
⑭ cinéma d'art   sans trois
⑮ formule   en doute

정답 완전한 표현을 만들어보시오.

① Il n'y a pas de fumée sans feu. 아니 땐 굴뚝에 연기 나랴.
② Les deux font la paire. 둘 다 같은 결점이 있다. 피장파장이다.
③ tourner en rond 제 자리에서 맴돌다
④ prendre ses désirs pour des réalités 현실이 뜻한 바대로 될 것으로 보다
⑤ jamais deux sans trois 두 번 일어난 일은 세 번도 일어난다.
⑥ les voyages forment la jeunesse 여행은 사람을 만든다.
⑦ jouer franc jeu 정정당당한 태도를 취하다
⑧ perdre l'appétit 식욕을 잃다
⑨ mettre en doute ~을 의심하다
⑩ avoir les nerfs à vif 신경이 날카롭다
⑪ partir sans tambour ni trompette 슬그머니 사라지다
⑫ ne pas s'avouer vaincu 패배를 인정하지 않다
⑬ repartir à zéro 처음부터 다시 시작하다
⑭ cinéma d'art et d'essai 실험영화관
⑮ formule magique 마법을 거는 주문(呪文)

Test 4 PASSÉ COMPOSÉ

① Il _____ tard. (arriver)

② Hier, nous _____ au restaurant. (dîner)

③ Je lui _____ un peu d'argent. (prêter)

④ Nous _____ son dernier film. (préférer)

⑤ Les enfants _____ leurs devoirs. (finir)

⑥ Les tourists _____ à l'hôtel. (dormir)

⑦ Il _____ en Italie. (partir)

⑧ Le jardinier _____ ses plantes. (arroser)

⑨ Nous _____ très tard hier. (discuter)

⑩ Elle _____ un feu. (allumer)

⑪ Nous _____ des amis. (inviter)

⑫ Le bébé _____ toute la nuit. (pleurer)

⑬ Sa mère _____ le repas. (préparer)

⑭ Ils _____ en train. (venir)

⑮ Elle _____ les pompiers. (avertir)

정답 복합과거 시제로 만드시오.

① est arrivé 그는 늦게 도착했다.
② avons dîné 어제, 우리는 레스토랑에서 저녁 식사를 했다.
③ ai prêté 나는 그에게 약간의 돈을 빌려주었다.
④ avons préféré 우리는 그의 마지막 영화를 선호해한다.
⑤ ont fini 아이들은 그들의 과제를 끝냈다.
⑥ ont dormi 관광객들은 호텔에서 잤다.
⑦ est parti 그는 이탈리아로 떠났다.
⑧ a arrosé 정원사는 자신의 식물들에 물을 뿌린다.
⑨ avons discuté 우리는 어제 늦게까지 토론했다.
⑩ a allumé 그녀는 불을 붙였다.
⑪ avons invité 우리는 친구들을 초대했다.
⑫ a pleuré 아기는 밤새 울었다.
⑬ a préparé 그의 어머니는 식사를 준비했다.
⑭ sont venus 그들은 열차편으로 왔다.
⑮ a averti 그녀는 소방서에 신고했다.

Test 5 JUMENT & POULAIN

① jument   Pâques
② biberon   ponctuation
③ bretelles   poulain
④ élections   magnétoscope
⑤ frisée   serpent
⑥ syndicat d'initiative   peigne
⑦ œuf en chocolat   urne
⑧ vigne   pantalon
⑨ cassette vidéo   tourisme
⑩ virgule   salade
⑪ semelle   verger
⑫ arbre fruitier   vendange
⑬ venin   rivière
⑭ eau douce   nourrisson
⑮ brosse   chaussure

정답 관련된 말끼리 연결해보시오.

① jument & poulain 암말/망아지
② biberon & nourrisson 젖병/유아
③ bretelles & pantalon 멜빵/바지
④ élections & urne 선거/투표함
⑤ frisée & salade 치커리 샐러드/샐러드
⑥ syndicat d'intiative & tourisme 관광안내소/관광
⑦ œuf en chocolat & pâques 초콜릿 계란 /부활절
⑧ vigne & vendange 포도밭/포도수확
⑨ cassette vidéo & magnétoscope 비디오 카세트/ 비디오 기기
⑩ virgule & ponctuation 쉼표/ 구두점
⑪ semelle & chaussure 구두창/신발
⑫ arbre fruitier & verger 과일나무/과수원
⑬ venin & serpent 독(毒)/뱀
⑭ eau douce & rivière 담수, 민물/강
⑮ brosse & peigne 솔/빗

Test 6 HOMONYMES

① Connais-tu cette/sept personne?

② Allons boire un vert/verre!

③ Nous avons organisé une grande faîte/fête pour son anniversaire.

④ J'ai préparé une pâte/patte à tarte.

⑤ Ils sont partis en Grèce/graisse cet été.

⑥ Je me suis tordu le coup/cou.

⑦ Veux-tu une tasse de tes/thé?

⑧ Il est parti très taux/tôt pour prendre l'avion.

⑨ Ses dents/dans commencent à pousser.

⑩ Je fais ce que je peu/peux.

⑪ Ils habitent près/prêt de la gare.

⑫ Le bateau a levé l'encre/l'ancre tôt ce matin.

⑬ As-tu fait ton lit/lie ce matin?

⑭ Elle a fait le gai/guet toute la nuit.

⑮ La fil/fille d'attente était très longue devant le cinéma.

정답 바른 동음이의어(同音異議語)를 찾으시오.
① cette 너는 이 사람을 알고 있니?
② verre 우리 술 한 잔 하자!
③ fête 우리는 그의 생일을 맞아 큰 파티를 준비했다.
④ pâte 나는 타르트용 밀가루 반죽을 준비했다.
⑤ Grèce 그들은 금년 여름에 그리스에 갔다.
⑥ cou 나는 목을 삐었다.
⑦ thé 차 한 잔 할래?
⑧ tôt 그는 비행기를 타기 위해 아주 일찍 떠났다.
⑨ dents 그의 치아들이 자라기 시작한다.
⑩ peux 나는 최선을 다 한다.
⑪ près 그들은 기차역 옆에 산다.
⑫ l'ancre 그 배는 오늘 아침 일찍 닻을 올렸다.
⑬ lit 너는 오늘 아침에 침대를 정리했니?
⑭ guet 그녀는 밤새 망을 보았다.
⑮ file 영화관 앞에 기다리는 줄이 아주 길었다.

Test 7 PASSÉ COMPOSÉ

① Ma fille _____ plein de fleurs dans le jardin. (cueillir)

② Le paysan _____ tous ses champs. (labourer)

③ Il _____ sa vie das la pauvreté. (terminer)

④ Nous _____ beaucoup pendant ce séminaire. (apprendre)

⑤ Sa mère _____ à son professeur pour l'inscire à l'examen. (téléphoner)

⑥ Vous _____ pendant plus de deux heures. (courir)

⑦ Il _____ de nombreuses photos de sa famile. (prendre)

⑧ Nous _____ à toutes ses questions. (répondre)

⑨ Elle _____ ses parents à dîner. (inviter)

⑩ L'oiseau _____ toutes ses graines. (picorer)

⑪ Ma tante _____ le propriétaire de cette maison. (connaître)

⑫ Tu _____ un cauchemar cette nuit. (faire)

⑬ Le menuiser _____ du bois pour fabriquer une table. (scier)

⑭ Elle _____ sa cuisine en blanc. (peindre)

⑮ Il _____ tout seul pendant des années. (voyager)

정답 괄호안의 동사를 복합과거로 써보시오.

① a cueilli 내 딸은 정원에서 꽃을 잔뜩 꺾었다.
② a labouré 농부는 모든 그의 밭들을 경작했다.
③ a terminé 그는 빈곤하게 생을 마감했다.
④ avons appris 우리는 이 세미나에서 많이 배웠다.
⑤ a téléphoné 그의 어머니는 그를 시험에 등록시키려고 선생님께 전화했다.
⑥ avez couru 당신은 두 시간 이상 달렸다.
⑦ a pris 그는 자기 가족사진 여러 장을 찍었다.
⑧ avons répondu 우리는 그의 모든 질문에 답했다.
⑨ a invité 그녀는 부모님을 저녁 식사에 초대했다.
⑩ a picaré 새가 그의 모든 씨앗들을 쪼았다.
⑪ a connu 내 아줌마는 이집 주인을 안다.
⑫ as fait 너는 간밤에 악몽을 꾸었다.
⑬ a sclé 목수는 탁자를 만들려고 나무를 톱질했다.
⑭ a peint 그녀는 자기 부엌을 희게 칠했다.
⑮ a voyagé 그는 몇 년 동안 혼자 여행했다.

Test 8 SYNONYMES?

① Il est bouche bée devant son père.
   a. Il déteste son père.
   b. Il admire son père.
   c. Il ne suit pas l'exemple de son père.

② Je ne suis plus où donner de la tête.
   a. Je suis désœuvré.
   b. Je n'ai rien à faire.
   c. J'ai trop de choses à faire.

③ Je lui ai laissé carte blanche.
   a. Il est sous mes ordres.
   b. Il doit m'obéir.
   c. Il peut faire ce qu'il veut.

④ Il me casse les pieds.
   a. Il est pénible.
   b. Il est adorable.
   c. Il rend service.

⑤ Il fait un vent du diable.
   a. Le vent est extrêmement fort.
   b. Il n'y a pas de vent.
   c. Le vent n'est pas bien fort.

⑥ Il n'a pas donné signe de vie.
   a. Il m'a téléphoné hier.
   b. Je n'ai pas de nouvelles.
   c. Je sais ce qu'il fait.

정답 같은 의미의 문장을 골라보시오.
① b 그는 자신의 아버지를 우러러 본다.
② c 나는 할 일이 너무 많다.
③ c 그는 자기 마음대로 할 수 있다.
④ a 그는 내게 끔찍한 인간이다.
⑤ a 바람이 엄청나게 세게 분다.
⑥ b 나는 그의 소식을 모른다.

Test 9 LES ARBRES & LEURS FRUITS

① Le pommier donne des _____. citrons

② Le châtaignier donne des _____. graseilles

③ Le framboisier donne des _____. poires

④ Le cognassier donne des _____. marrons

⑤ Le cerisier donne des _____. pêches

⑥ Le figuier donne des _____. figues

⑦ Le groseiller donne des _____. fraises

⑧ Le citronnier donne des _____. abricots

⑨ L'abricotier donne des _____. framboises

⑩ Le dattier donne des _____. pommes

⑪ Le pêcher donne des _____. raisins

⑫ Le poirier donne des _____. noix de coco

⑬ Le fraisier donne des _____. dattes

⑭ La vigne donne du _____. cerises

⑮ Le cocotier donne des _____. coings

정답 나무와 열매를 연결해보시오.

① pommes 사과
② marrons 밤
③ framboises 산딸기
④ coings 마르멜로 열매
⑤ cerises 체리, 버찌
⑥ figues 무화과
⑦ groseilles 까치밥나무 열매
⑧ citrons 레몬
⑨ abricots 살구
⑩ dattes 대추야자 열매
⑪ pêches 복숭아
⑫ poires 배(梨)
⑬ fraises 딸기
⑭ raisin 포도
⑮ noix de coco 코코넛, 야자

Test 10 ASSOCIEZ ADJECTIFS ET SUBSTANTIFS

① dessin   chaud
② révolution   caillé
③ eau   piétonne
④ ruban   statique
⑤ rouge   lumineux
⑥ alcool   masqué
⑦ étoile   vif
⑧ sable   filante
⑨ adjectif   adhésif
⑩ carte   qualificatif
⑪ faisceau   industrielle
⑫ zone   fort
⑬ lait   animé
⑭ électricité   postale
⑮ bal   gazeuse

정답 형용사와 명사를 연결시켜보시오.

① dessin animé 만화영화
② révolution industrielle 산업혁명
③ eau gazeuse 탄산수, 소다수
④ rubon adhésif 스카치테이프
⑤ rouge vif 선홍색, 다홍색
⑥ alcool fort 독한 술
⑦ étoile filante 별똥별, 유성(流星)
⑧ sable chaud 뜨거운 모래, 열사(熱砂)
⑨ adjectif qualificatif 품질형용사
⑩ carte postale 엽서
⑪ faisceau lumineux 광선속(光線束), 빛에너지 전파 경로를 나타내는 다발
⑫ zone piétonne 보행자 구역
⑬ lait caillé 응고시킨 우유, 치즈 원료
⑭ électricité statique 정전기(靜電氣)
⑮ bal masqué 가면무도회

Test 11 — REMETTEZ LES PHRASES DANS LE BON ORDRE

① Ses apporté pour parents une dessert au citron ont tarte le

② Ils Tour au assisté France de ont

③ Le augmente de faux chômage permanence en

④ Il informatique a un dans entretien passé entreprise grande une

⑤ Le est désaccordé complètement piano

⑥ Elle en Lourdes est à partie pèlerinage

⑦ Il y le des a glaces congélateur dans

정답 어순을 바로 잡아보시오.

① Ses parents ont apporté une tarte au citron pour le dessert.
그의 부모님은 디저트로 레몬 파이를 갖고 오셨다.
② Ils ont assisté au Tour de France.
그들은 프랑스 일주 자전거대회를 참관했다.
③ Le taux de chômage augmente en permanence.
실업률이 꾸준히 오르고 있다.
④ Il a passé un entretien dans une grande entreprise informatique
그는 큰 IT기업과 인터뷰를 했다.
⑤ Le piano est complètement désaccordé.
피아노가 전혀 조율이 되어있지 않다.
⑥ Elle est partie en pèlerinage à Lourdes.
그녀는 루르드에 성지순례를 갔다.
⑦ Il y a des glaces das le congélateur.
냉동실에 아이스크림이 있다.

Test 12 TROUVEZ LE BON SENS

① Elle a le cœur sur la main.
   a. Elle ne rend jamais service.
   b. Elle est radine.
   c. Elle est très généreuse.

② Il a retourné sa veste.
   a. Il a changé d'avis.
   b. Il pense toujours la même chose.
   c. Il est parti.

③ Ils se sont mariés sur le tard.
   a. Ils ne se sont pas mariés jeunes.
   b. Ils se sont mariés très jeunes.
   c. Ils ont divorcé très vite.

④ J'en ai marre!
   a. C'est trop peu!
   b. J'en ai assez!
   c. Continuez!

⑤ Il a le pied marin.
   a. Il a mal au pied.
   b. Il n'est pas malade en bateau.
   c. Il a le mal de mer.

⑥ Tiens bon!
   a. Ne perds pas le moral!
   b. Lâche tout!
   c. Pars!

정답 같은 의미의 문장을 고르시오.
① c 그녀는 매우 마음씨가 곱다.
② a 그는 생각을 바꿨다.
③ a 그들은 나이 들어 뒤늦게 결혼했다.
④ b 나는 지긋지긋하다. 이제 싫증이 난다.
⑤ b 그는 뱃멀미를 하지 않는다.
⑥ a 꿋꿋하게 잘 버티고 있어라.

Test 13 RÉGIONS DE FRANCE

① Les Bourguignons vivent en _____.   Lorraine
② Les Picards vivent en _____.   Corse
③ Les Franciliens vivent en _____.   Bourgogne
④ Les Normands vivent en _____.   Alsace
⑤ Les Alsaciens vivent en _____.   Vendée
⑥ Les Bretons vivent en _____.   Guadeloupe
⑦ Les Vendéens vivent en _____.   Ile-de-France
⑧ Les Savoyards vivent en _____.   Poitou
⑨ Les Auvergnats vivent en _____.   Normadie
⑩ Les Corses vivent en _____.   Bretagne
⑪ Les Lorrains vivent en _____.   Savoie
⑫ Les Charentais vivent en _____.   Ardennes
⑬ Les Poitevins vivent dans le _____.   Auvergne
⑭ Les Guadeloupéens vivent en _____.   Picardie
⑮ Les Ardennais vivent dans les _____.   Charete

정답 프랑스의 지역과 주민

① Bourgogne 부르고뉴 사람들은 부르고뉴에 산다.
② Picardie 피카르디
③ ile-de-France 일-드-프랑스 (빠리 중심의 수도권)
④ Normandie 노르망디
⑤ Alsace 알자스
⑥ Bretagne 브르타뉴
⑦ Vendée 방데
⑧ Savoie 사부아
⑨ Auvergne 오베르뉴
⑩ Corse 코르시카
⑪ Lorraine 로렌
⑫ Charente 샤랑트
⑬ Poitou 푸아투
⑭ Guadeloupe 과들루프 (해외도)
⑮ Ardennes 아르덴

Test 14 HOMONYMES

① J'ai mis du thym/teint et du romarin dans la ratatouille.

② Il est arrivé très tard/tare hier soir.

③ J'ai une fin/faim de loup.

④ Les chants/champs de blé s'étendaient à perte de vue.

⑤ Paris est arrosé par la Seine/scène.

⑥ Ils ont accroché un faire/fer à cheval au-dessus de leur porte.

⑦ J'ai essayé de le joindre en vin/vain hier.

⑧ Je l'avais prévenu mais/mets il avait oublié.

⑨ J'ai acheté du pain/pin tout frais pour le déjeuner.

⑩ Je connais l'air/l'ère de cette chanson.

⑪ Elle m'a fait un signe de la main/maints.

⑫ Vont-ils bientôt se terre/taire?

⑬ Ils ont installé des bancs/bans sur la place du marché.

⑭ Je dois maître/mettre de l'ordre dans mes papiers.

⑮ Il souffre du mal de mer/maire.

정답 바른 동음이의어를 찾으시오.
① thym 나는 라타투이에 백리향과 로즈마리를 넣었다.
② tard 그는 어제 저녁 늦게 돌아왔다.
③ faim 나는 몹시 배가 고프다.
④ champs 밀밭이 끝없이 펼쳐져 있었다.
⑤ Seine 세느 강은 빠리에 물을 대고 있다.
⑥ fer 그들은 말편자를 문 위에 걸었다.
⑦ vain 나는 어제 그와 만나려고 했지만 헛된 일이었다.
⑧ mais 나는 그에게 알려주었지만 그는 잊어버렸다.
⑨ pain 나는 아침식사를 위해 신선한 빵을 샀다.
⑩ l'air 나는 이곡의 곡조를 안다.
⑪ main 그녀는 내게 손짓을 했다.
⑫ taire 그들은 곧 조용히 할 건가요?
⑬ bancs 그들은 시장 로터리에 벤치를 설치했다.
⑭ mettre 나는 서류를 정리해야한다.
⑮ mer 그는 뱃멀미로 고통 받는다.

06 단어와 표현 2

Test 1 — LOCUTIONS ET EXPRESSIONS

① se souvenir	verra
② se lever	comme un lapin
③ dormir	l'équilibre
④ qui vivra	du souci
⑤ perdre	dans le plat
⑥ courir	de bonheur
⑦ se fier	tôt
⑧ mi-figue	en larmes
⑨ se faire	par terre
⑩ rayonner	sur la comète
⑪ fondre	de quelque chose
⑫ mettre les pieds	de l'humour
⑬ avoir le sens	à son instinct
⑭ tirer des plans	comme un loir
⑮ tomber	mi-raisin

정답 바른 표현이 되도록 연결해보시오.

① se souvenir de quelque chose 무언가를 기억해내다 ② se lever tôt 일찍 일어나다
③ dormir comme un loir 깊이 잠을 자다 (loir는 들쥐) ④ qui vivra verra 세월이 지나면 알게 된다.
⑤ perdre l'équilibre 균형을 잃다 ⑥ courir comme un lapin 재빨리 도망치다
⑦ se fier à son instinct 예감을 믿다, 직관을 따르다 ⑧ mi-figue mi-rasin 애매한, 그 어느 편도 아닌
⑨ se faire du souci (pour) ~을 걱정하다 ⑩ rayonner de bonheur 행복이 넘쳐흐르다
⑪ fondre en larmes 갑자기 울음을 터뜨리다 ⑫mettre les pieds dans le plat 초를 치다, 망치다
⑬ avoir le sens de l'humour 유머감각이 있다 ⑭tirer des plans sur la comète 터무니없는 공상을 하다
⑮ tomber par terre 바닥에 넘어지다

Test 2 **TROUVEZ L'EXPRESSION SYNONYME**

① Elle est tombée dans les pommes.
   a. Elle a préparé une tarte.
   b. Elle s'est évanouie.
   c. Elle a planté un pommier.

② Ne perds pas de temps!
   a. Dépêche-toi!
   b. Prends ton temps!
   c. Rien ne presse!

③ Nous avons fait bonne chère.
   a. Nous n'avons pas assez mangé.
   b. Nous avons encore faim.
   c. Nous avons bien mangé.

④ J'ai un trou de mémoire.
   a. Je ne me rappelle plus rien.
   b. Je me souviens de tout.
   c. J'ai la tête bien pleine.

⑤ Elle a eu le coup de foudre pour lui.
   a. Elle l'a trouvé idiot.
   b. Elle est tombée amoureuse de lui.
   c. Elle ne l'a même pas remarqué.

⑥ Elle jette son argent par le fenêtres.
   a. Elle gaspille son argent.
   b. Elle est très raisonnable.
   c. Elle dépense peu.

정답 같은 의미를 찾아보시오.
① b 그녀는 기절했다.
② a 서둘러라!
③ c 우리는 아주 잘 먹었다.
④ a 나는 아무 것도 기억하지 못하겠다.
⑤ b 그녀는 그를 사랑하게 되었다.
⑥ a 그녀는 낭비하며 산다.

Test 3 — NUANCEZ VOS PROPOS!

① Elle parle tout le temps.	crié
② Son entreprise enregistre d'énormes bénéfices.	froide
③ Les enfants ont été punis.	longtemps
④ Il a hurlé pour qu'elle l'entende.	responsable d'un département
⑤ Le rôti était brûlant quand je l'ai sorti du four.	importants
⑥ Il habite dans un village.	grondés
⑦ J'ai fini le plat.	souvent
⑧ Il a réalisé un film.	le week-end
⑨ Son père est directeur.	quelques-uns de ses livres
⑩ J'ai lu toute son œuvre.	forte
⑪ Je le connais depuis une éternité.	chaud
⑫ Cet édifice est tout neuf.	récent
⑬ Ils passent l'hiver à la montagne.	court métrage
⑭ La lumière était éblouissante.	homeau
⑮ L'eau était glaciale.	mon assiette

정답 밑줄 친 부분을 조금 완화시킨 표현으로 바꿔보시오.

① souvent 그녀는 자주 말한다.
② importants 그의 기업은 상당한 수익을 기록했다.
③ grondés 아이들이 야단맞았다.
④ crié 그는 그녀가 듣도록 크게 불렀다.
⑤ chaud 내가 오븐에서 꺼낼 때 구운 고기는 뜨거웠다.
⑥ hameau 그는 작은 마을에 산다.
⑦ mon assiette 나는 작은 접시 하나를 끝냈다.
⑧ court métrage 그는 단편영화를 제작했다.
⑨ responsable d'un département 그의 아버지는 부장이다.
⑩ quelques-uns de ses livres 나는 그의 책 몇 권을 읽었다.
⑪ longtemps 나는 오래 전부터 그를 알고 있다.
⑫ récent 이 건물은 최근에 지었다.
⑬ le week-end 그들은 주말을 산에서 보낸다.
⑭ forte 빛이 강했다. ⑮ froide 물이 찼다.

Test 4 — IMPARFAIT, PRÉSENT, FUTUR

① Avant, elle _____ le ski. (adorer)

② Il _____ dès le matin devant la télévision. (s'installer)

③ Quand je serai grand, je _____ pompier. (être)

④ Il _____ tous les jours. (se raser)

⑤ Quand j'étais petit, je _____ souvent des cauchemars. (faire)

⑥ Je _____ Emilie. (s'appeler)

⑦ J'espère que tu _____ à l'heure. (arriver)

⑧ Elle _____ très bien de ses enfants. (s'occuper)

⑨ Elles _____ tout le temps. (bavarder)

⑩ Hier matin, la route _____ verglacée. (être)

⑪ Demain, j'_____ un gâteau. (apporter)

⑫ L'an prochain, nous n'_____ plus ici. (habiter)

⑬ Je n'_____ pas me lever tôt. (aimer)

⑭ Nous _____ quand tu auras appris ta leçon. (dîner)

⑮ Lorsqu'il était jeune, il ne _____ pas beaucoup. (voyager)

정답 괄호안의 동사를 알맞은 시제로 써보시오.
① adorait 예전에 그녀는 스키를 매우 좋아했다.
② s'intalle 그는 아침부터 TV앞에 앉는다.
③ serai 나는 크면 소방대원이 될 것이다.
④ se rase 그는 매일 면도한다.
⑤ faisais 나는 어릴 때 종종 악몽을 꿨다.
⑥ m'appelle 내 이름은 에밀리이다.
⑦ arriveras 네가 제 시간에 오기를 바란다.
⑧ s'occupe 그녀는 자식들을 잘 돌본다.
⑨ bavardent 그 여자들은 늘 수다를 떤다.
⑩ était 어제 아침에 도로는 빙판이었다.
⑪ apporterai 내일 내가 케이크를 갖고 오겠다.
⑫ habiterons 내년에 우리는 더 이상 여기 살지 않을 것이다.
⑬ aime 나는 일찍 일어나는 것을 좋아하지 않는다.
⑭ dînerons 우리는 네가 학과공부를 하고 나서 저녁을 먹을 것이다.
⑮ voyageait 그는 젊을 때 별로 여행하지 못했다.

Test 5 EXPRESSIONS IMAGÉES

① Il a fait son devoir _____ les règles.   sauf
② Il agit _____ vents et marées.   au coin de
③ Elle doit comparaître _____ le juge.   entre
④ Ils ont toujours une idée _____ la tête.   sous
⑤ Elle a le cœur _____ la main.   moyennant
⑥ Je suis assis _____ deux chaises.   face à face
⑦ Je voudrais rentrer _____ terre.   selon
⑧ Rendez-vous _____ la rue.   hors
⑨ Bienvenue _____ nous.   sur
⑩ Nous étions assis _____.   dès
⑪ Ils sont tous venus, _____ lui.   à l'envers
⑫ Nous avons pu entrer _____ finances.   derrière
⑬ Il s'est levé _____ l'aube.   contre
⑭ Ouf! Ils sont _____ de danger maintenant.   devant
⑮ Le bon roi Dagobert a mis sa culotte _____.   parmi

정답 알맞은 전치사로 표현을 완성시켜보시오.

① selon 그는 규칙에 따라 과제를 했다.
② contre 그는 역경을 무릎 쓰고 행동한다.
③ devant 그녀는 법원에 출두해야한다.
④ derrière 그들은 늘 은밀한 속셈이 있다.
⑤ sur 그녀는 매우 관대하다.
⑥ entre 나는 의자 둘 사이에 앉아있다.
⑦ sous 나는 창피해서 쥐구멍에라도 숨고 싶은 마음이다.
⑧ au coin de 길모퉁이에서의 약속
⑨ parmi 여기 오신 것을 환영합니다.
⑩ face à face 우리는 서로 마주보며 앉아있었다.
⑪ sauf 그를 제외한 그들 모두 왔다.
⑫ moyennant 우리는 돈을 쓰며 들어올 수 있었다.
⑬ dès 그는 새벽이 되자마자 일어났다.
⑭ hors 와우, 그들은 이제 위험하지 않다.
⑮ à l'envers 좋은 다고베르 왕은 바지를 뒤집어 입었다. (전래동요 가사 가운데)

Test 6 — EXPRESSIONS ANIMALIÈRES

① Il m'a posé un lapin.
  a. Il n'est pas venu au rendez-vous.
  b. Il est parti chasser le lapin.
  c. Il n'aime pas le lapin.

② Il est paresseux comme une couleuvre.
  a. Il bouge tout le temps.
  b. Il est toujours très actif.
  c. Il est très paresseux.

③ Cette femme a du chien.
  a. Elle adore les chiens.
  b. Elle s'occupe d'un chenil.
  c. Elle est très séduisante.

④ J'ai la chair de poule.
  a. J'étouffe.
  b. J'ai froid.
  c. J'ai mangé un œuf.

⑤ Elle a une taille de guêpe.
  a. Elle a la taille très fine.
  b. Elle s'est fait piquer.
  c. Elle est plutôt ronde.

⑥ Il n'y avait pas un chat.
  a. Il y avait plein d'animaux.
  b. Il n'y avait personne.
  c. Un chat m'a griffé.

> **정답** 동물 관련 표현, 맞는 의미를 골라보시오.
> ① a 그는 약속 장소에 나타나지 않았다. ② c 그는 매우 게으르다. (couleuvre는 독 없는 뱀의 일종)
> ③ c 그녀는 성적인 매력이 있다. ④ b 나는 소름이 끼친다. 나는 춥다.(chair de poule은 소름)
> ⑤ a 그녀는 허리가 날씬하다. (guêpe는 말벌) ⑥ b 아무도 없었다.

Test 7 VERBES & SUBSTANTIFS

① tirer   d'ennui
② prendre   la corde au cou
③ être   un troupeau
④ s'en sortir   avec modération
⑤ croiser   son dû
⑥ filer   de la patience de quelqu'un
⑦ consommer   un endroit comme sa poche
⑧ mourir   les doigts
⑨ passer   en douce
⑩ mettre   les apparences
⑪ sauver   le meilleur parti d'une situation
⑫ connaître   le couvert
⑬ abreuver   sain et sauf
⑭ abuser   son mal en patience
⑮ réclamer   à pied d'œuvre

> **정답** 연결해서 바른 표현을 만들어보시오.
> ① le meilleur parti d'une situation 상황을 최대한 활용하다 ② son mal en patience 고통을 참아내다
> ③ à pied d'œuvre 현장에 있다, 일할 준비가 되어있다. ④ sain et sauf 무사히 탈출하다, 궁지에서 빠져나오다
> ⑤ les doigts 집게손가락을 엄지로 덮으며 잘되기를 바라고 악운을 쫓아내다
> ⑥ en douce 슬그머니 달아나다 ⑦ avec modération 적절하게 소비하다
> ⑧ d'ennui 지겨워 죽을 지경이다 ⑨ la corde au cou ~을 교수형에 처하다
> ⑩ le couvert 식탁에 식기를 차려놓다 ⑪ les apparences 체면을 지키다
> ⑫ un endroit comme sa poche 어느 곳을 속속들이 알고 있다
> ⑬ un troupeau 짐승 무리에게 물을 먹게 하다
> ⑭ de la patience de quelqu'un 누군가의 인내력의 한계를 느끼게 하다
> ⑮ son dû 당연히 받을 것(빚)을 요구하다

Test 8 PASSÉ COMPOSÉ

① Il _____ deux cafés. (commander)

② Elle _____ tôt ce matin. (se lever)

③ Nous _____ une carte à nos parents. (envoyer)

④ Il _____ après avoir déjeuné. (se recoucher)

⑤ J'_____ dans cette région pendant près de trois ans. (travailler)

⑥ Les enfants _____ pendant une heure. (se reposer)

⑦ Elle _____ mon offre. (accepter)

⑧ Tu _____ depuis la dernière fois. (grandir)

⑨ J'_____ une chambre à l'hôtel. (réserver)

⑩ Ils _____ devant la télévision. (s'endormir)

⑪ Il _____ une bague à son amie. (offrir)

⑫ Elle _____ à le joindre. (réussir)

⑬ J'_____ mes clés et mes papiers. (perdre)

정답 괄호 안의 동사를 복합과거로 써보시오.
① a commandé 그는 커피 두 잔을 주문했다.
② s'est levée 그녀는 오늘 아침 일찍 일어났다.
③ avons envoyé 우리는 부모님께 엽서를 보냈다.
④ s'est recouché 그는 점심식사 후에 다시 누웠다.
⑤ ai travaillé 나는 이 지역에서 3년 가까이 일했다.
⑥ se sont reposés 어린이들은 한 시간 동안 쉬었다.
⑦ a accepté 그녀는 내 제안을 받아들였다.
⑧ as grandi 너는 지난번에 본 이후 자랐다.
⑨ ai réservé 나는 호텔 방을 예약했다.
⑩ se sont endormis 그들은 TV앞에서 잠들었다.
⑪ a offert 그는 여자 친구에게 반지를 선물했다.
⑫ a réussi 그녀는 그를 만나는데 성공했다.
⑬ ai perdu 나는 내 열쇠와 서류를 분실했다.
⑮ son dû 당연히 받을 것(빚)을 요구하다

Test 9 — RÉALISER UNE EXPÉRIENCE

① réaliser   l'avion
② emprunter   sa vie
③ rembourser   des accus
④ préserver   un verbe
⑤ gagner   un chemin
⑥ tomber   l'aspirateur
⑦ faire   la messe
⑧ conjuguer   à une représentation
⑨ recharger   la vaisselle
⑩ prendre   un équilibre
⑪ tracer   un trou
⑫ percer   à la renverse
⑬ passer   un cercle
⑭ dire   une expérience
⑮ assister   un emprunt

정답 동사와 명사를 연결해보시오.

① réaliser une expérience 실제 상황에서 시험해보다
② emprunter un chemin 길을 따라가다
③ rembourser un emprunt 빌린 것을 돌려주다
④ préserver un équilibre 균형을 유지하다
⑤ gagner sa vie 생활비를 벌다
⑥ tomber à la renverse 거꾸로 넘어지다
⑦ faire la vaisselle 설거지하다
⑧ conjuguer un verbe 동사를 활용하다
⑨ recharger des accus 힘을 보강하다, 충전하다
⑩ prendre l'avion 비행기를 타다
⑪ tracer un cercle 원을 그리다
⑫ percer un trou 구멍을 내다
⑬ passer l'aspirateur 진공청소기로 청소하다
⑭ dire la messe 미사를 드리다
⑮ assister à une représentation 공연을 관람하다

Test 10   EXPRESSIONS CORPORELLES

① Il marche la tête haute.

    a. Il a mal à la tête.

    b. Il est très grand.

    c. Il n'a rien à se reprocher.

② Ils ont cassé du sucre sur son dos.

    a. Ils ont dit du mal de lui.

    b. Il les a portés sur son dos.

    c. Il a mal au dos.

③ Il n'a plus un cheveu sur le caillou.

    a. Il va souvent chez le coiffeur.

    b. Il collecionne les cailloux

    c. Il est chauve.

④ Il n'a pas bougé le petit doigt.

    a. Il n'a absolument rien fait.

    b. Il a les ongles longs.

    c. Il est très nerveux.

⑤ Elle a changé son fusil d'épaule.

    a. Elle a acheté un nouveau fusil.

    b. Elle a changé d'avis.

    c. Elle n'aime pas la chasse.

⑥ Il se prend pour le nombril du monde.

    a. Il adore être seul.

    b. Il croit qu'il est seul au monde.

    c. Il a souvent des maux de ventre.

정답 신체관련 표현의 의미가 같은 문장은?

① c 그는 비난 받을 일이 전혀 없다. ② a 그들은 그에 대해 나쁘게 말했다. ③ c 그는 대머리다.
④ a 그는 아무 짓도 하지 않았다. ⑤ b 그는 생각을 바꿨다. ⑥ b 그는 스스로 이 세상에서 혼자라고 생각한다.

Test 11 EXPRESSIONS TOUTES FAITES

① courir   à l'âne
② parvenir   d'un poids
③ être fauché   sous le sens
④ sauter du coq   le lit
⑤ pousser des cris   de fourchette
⑥ s'inscrire   avant les bœufs
⑦ se décharger   un rhume
⑧ mettre de l'eau   une bonne tournure
⑨ mettre la charrue   à la même enseigne
⑩ avoir un bon coup   à ses fins
⑪ être logé   comme les blés
⑫ attraper   de joie
⑬ tomber   comme un dératé
⑭ prendre   dans son vin
⑮ garder   pour un examen

정답 바른 표현이 되도록 연결해보시오.

① comme un dératé 쏜살같이 빨리 달리다 ② à ses fins 목적을 달성하다
③ comme les blés 완전히 빈털터리인 ④ à l'âne 횡설수설하다
⑤ de joie 환호성을 지르다 ⑥ pour un examen 시험 응시를 위해 등록하다
⑦ d'un poids 책임을 덜게 되다 ⑧ dans son vin 주장을 완화하다, 태도를 누그러뜨리다
⑨ avant les bœufs 일의 순서를 뒤바꾸다, 본말을 전도하다 ⑩ de fourchette 대식가이다
⑪ à la même enseigne ~와 같은 곤경에 처하다 ⑫ un rhume 감기에 걸리다
⑬ sous le sens 이해가 되다, 분명하다 ⑭ une bonne tournure 일이 잘 되어가다 ⑮ le lit 병상에 누워있다

Test 12 ANTONYMES

① accélérer   création
② rétrécir   atterrissage
③ dynamique   rural
④ décollage   coupable
⑤ progression   casser
⑥ suppression   souple
⑦ réparer   élargir
⑧ rectiligne   pénurie
⑨ bronzé   fin
⑩ habiller   régression
⑪ innocent   courbe
⑫ rigide   pâle
⑬ urbain   apathique
⑭ début   ralentir
⑮ abondance   dévêtir

정답 반대말을 찾으시오
① accélérer & ralentir 가속하다/감속하다
② rétrécir & élargir 축소하다/확대하다
③ dynamique & apathique 역동적인/무기력한
④ décollage & atterrissage 이륙/착륙
⑤ progression & régression 발전/후퇴
⑥ suppression & création 삭제/창조
⑦ réparer & casser 수리하다/깨다
⑧ rectiligne & courbe 직선의/굽은
⑨ bronzé & pâle 햇볕에 그을린/창백한
⑩ habiller & dévêtir 옷을 입히다/벗기다
⑪ innocent & coupable 무죄의/유죄의
⑫ rigide & souple 강경한/유연한
⑬ urbain & rural 도시의/농촌의
⑭ début & fin 시작/끝
⑮ abondance & pénurie 풍요/결핍

Test 13 NUANCEZ VOS PROPOS!

① J'ai rempli une malle de vêtements. gris
② Ils habitent au pied d'une montagne. valise
③ Votre travail est excellent. quelques
④ J'ai fait les courses dans un supermarché. une tasse
⑤ Nous avons fait une halte au bord d'un fleuve. grande
⑥ Je possède une collection de timbres rares. désagréable
⑦ Leur maison est gigantesque. colline
⑧ C'est une personne détestable. à l'épicerie
⑨ Il s'est acheté un pull anthracite. un napperon
⑩ Ils ont planté des arbres dans le jardin. appartement
⑪ J'ai lu leur catalogue. très bon
⑫ J'ai jeté les ordures à la décharge. poubelle
⑬ Elle a recouvert la table d'une nappe. ruisseau
⑭ Veux-tu un bol de café? prospectus
⑮ Ils viennent d'acheter un immeuble. arbustes

정답 밑줄 친 부분의 의미를 약하게 만들어보시오.
① valise 나는 옷으로 여행가방 하나를 채웠다.
② colline 그들은 언덕 밑에 산다.
③ très bon 당신 작업은 훌륭하다.
④ à l'épicerie 나는 식료품점에서 장을 봤다.
⑤ ruisseau 우리는 시냇가에 섰다.
⑥ quelques 나는 희귀우표 몇 장을 갖고 있다.
⑦ grande 그의 집은 크다.
⑧ désagréable 그는 기분 좋지 않은 사람이다.
⑨ gris 그는 회색 스웨터를 샀다.
⑩ arbustes 그들은 정원에 소관목들을 심었다.
⑪ prospectus 나는 그들의 팸플릿을 읽었다.
⑫ poubelle 나는 오물을 쓰레기통에 넣었다.
⑬ un napperon 그녀는 식탁에 작은 식탁보를 다시 깔았다.
⑭ une tasse 커피 한 잔 할래?
⑮ appartement 그들은 최근에 아파트를 구입했다.

PARTIE 03

01 시사어휘 1 •200
02 시사어휘 2 •210
03 고급어휘 •220

01 시사어휘 1

Test 1

Qu'est-ce que l'*urbanité*?

① L'action d'aménager un site.

② La concentration de population dans les agglomérations.

③ Une politesse raffinée.

④ L'ensemble des populations citadines

> |정답| urbanité란 무엇인가?
> ① 어느 곳을 정비하는 활동 ② 도시 인구밀집 지대의 인구 집중 ③ 세련된 예의 ④ 도시 인구 전체
> 정답은 ③

Test 2

Un *insulaire* est - il?

① Un individu qui aime à vivre seul.

② Une personne qui habite une île.

③ Un médicament employé dans le traitement du diabète.

④ Un haut dignitaire de l'Empire romain.

> |정답| insulaire는?
> ① 혼자 살기 좋아하는 사람 ② 섬에 사는 사람 ③ 당뇨병 치료에 사용되는 약 ④ 로마제국 고위 인사
> 정답은 ②. 빈도는 낮지만 îlien, îlienne도 있다.

Test 3

Qu'est-ce qu'un *embargo*?

① Un désordre inextricable.

② Une mesure tendant à empêcher la circulation, l'exportation d'une marchandise ou d'un objet.

③ L'interdiction faite à un ou à plusieurs navires de quitter un port.

④ La capacité de transport d'un navire de commerce.

> |정답| embargo는 무엇인가?
> ① 빠져나올 수 없는 혼란
> ② 상품이나 물건의 유통, 수출을 방해하는 조치
> ③ 하나 혹은 여러 대의 배가 항구를 떠나지 못하게 금지하는 것
>
> 정답은 ②, ③.
> 비유적으로 어떤 일의 실시, 확산, 선전을 금하는 일에 사용된다. embargo sur un film 어떤 영화에 대한 유통, 상영 금지

Test 4

Que désigne le mot *versatilité*?

① Le caractère d'une personne inconstante, lunatique?

② La technique propre à un poète?

③ Le défaut d'un navire mal équilibré?

④ La contenance d'une barrique?

> |정답| versatilité는 무엇을 가리키는가?
> ① 불안정하고 변덕스런 사람의 성격 ② 시인(詩人)에게 필요한 기술
> ③ 균형 잡지 못한 배의 결함 ④ 큰 물통(200~250리터)의 용량.
>
> 정답은 ①.
> 비유적으로 문학에서는 어떤 사물의 다른 많은 대상들에 대한 쉽고 빠른 적응력을 말하기도 한다. 《aptitude d'une chose à s'adapter aisément et rapidement à des objets multiples et différents》

Test 5

Qu'est-ce qu'un *anachronisme*?

① Un jeu de mots?

② Un événement très ancien?

③ Un manquement à la chronologie consistant à situer un fait à une autre époque qui n'est pas la sienne?

④ Ce qui appartient à une autre époque que celle où l'on vit, ce qui manifeste un retard par rapport aux us et contumes, aux mœurs actuels?

> |정답| anachronisme은 무엇인가?
> ① 단어 장난 ② 아주 오래 된 사건
> ③ 어떤 사실을 해당되지 않는 시대에 놓는 안정적인 연대기의 결함
> ④ 현재의 관습과 풍습, 풍속에 뒤떨어지는 것을 나타내며 우리가 사는 시대와 다른 시대에 속하는 것.
>
> 정답은 ③, ④. 시대착오

Test 6

Qu'est-ce qu'une *enluminure*?

① Une illustration ou une ornementation en couleurs d'un manuscrit?

② L'art d'orner ou d'illustrer des manuscrits?

③ La qualité de ce qui est lumineux?

④ Un intense éclairage utilisé lors du tournage de films?

> |정답| enluminure는 무엇인가?
> ① 원고의 삽화 또는 채색 장식 ② 원고를 장식하거나 삽화를 넣는 기술
> ③ 빛을 내는 것의 자질 ④ 영화 촬영에 사용되는 강렬한 조명
>
> 정답은 ①, ②.

Test 7

Qu'entend-on par *décade*?

① Une période de dix ans?

② Une formation militaire, chez les Romains?

③ Une période de dix jours?

④ Une époque correspondant, pour un Etat, à déclin, à un avilissement?

|정답| décade는 무슨 뜻인가?
① 10년이란 기간 ② 로마인들의 군대 편성
③ 10일이라는 기간 ④ 어떤 국가가 쇠락하고 실추되는 기간.

정답은 ③. 10년을 뜻하는 décennie와 혼동을 하지 말아야한다.

Test 8

Un *plagiaire* est-il?

① Un contrefacteur, un ⟨⟨auteur⟩⟩ qui pille les ouvrages d'autrui en donnant pour siennes les parties copiées?

② Une personne qui loue ou entretient des cabines, des parasols... sur une plage, qui nettoie la plage?

③ Un buffet dans lequel on range de la vaisseille?

④ Un individu qui aime à chicaner?

|정답| plagiaire란?
① 위조자, 다른 사람의 작품을 카피해서 자신의 것으로 하는 "작가"
② 해변의 작은 방, 파라솔을 임대, 거래하고 해변을 청소하는 사람
③ 설거지 한 것을 정돈하는 찬장 ④ 억지 부리기 좋아하는 사람

정답은 ① 표절자. ②에 해당되는 사람은 plagiste

Test 9

Qu'est-ce qu'un *dandy*?

① Un bateau de pêche et de cabotage?

② Un homme niais, aux manière frustes?

③ Un titre donné en Inde aux titulaires d'un doctorat?

④ Un homme très élégant?

> |정답| **dandy**는 무엇인가?
> ① 고기잡이배와 연안항해용 배 ② 세련되지 못한 행동을 하는 멍청한 남자
> ③ 인도에서 박사학위 소지자들에게 부여하는 타이틀 ④ 매우 우아한 남자
>
> 정답은 ④.

Test 10

Le mot *indigent* (n. et adj) désigne-t-il

① Quelqu'un qui vit dans le dénuement, dans la misère?

② Un texte qui est d'une lecture pénible?

③ La pauvreté intellectuelle d'un individu ou d'un œuvre?

④ Une personne qui a une extrême difficulté à manger?

> |정답| 명사이자 형용사인 **indigent**은 무엇을 가리키나?
> ① 빈곤하고 비참하게 사는 사람 ② 읽기 힘든 텍스트
> ③ 어떤 개인이나 작품에서 지적인 초라함 ④ 먹는 것을 극히 어려워하는 사람
>
> 정답은 ①과 ③.
>
> Ce vieillard vit dans la plus grand misère. C'est un indigent.
> 이 노인은 아주 비참하게 산다. 극빈자이다.
> Le vocabulaire de ce ministre est fort indigent.
> 이 장관의 어휘는 아주 초라하다.

Test 11

La *béatification* est-elle?

① Le fait d'être frappé d'étonnement, de stupeur?

② Un bonheur parfait?

③ L'acte par lequel le pape admet comme saint(e) une personne que l'Eglise juge digne d'un culte public universel?

④ L'action de s'humilier?

|정답| **béatification이란?**
① 놀라고, 경악하는 상태 ② 완전한 행복
③ 교회가 일반 미사를 드릴 수 있다고 판단하고 교황이 성인(聖人)으로 인정한 사람.
④ 굴종하는 행동

정답은 ③. ②에 해당되는 단어는 béatitude.

Test 12

Qu'est-ce-qu'un *transfuge*?

① La mutation d'un joueur d'un professionnel d'un club dans un autre?

② Un individu qui change de parti, de pays, qui adopte des idées opposées?

③ Un donneur de sang?

④ Le déplacement du bétail entre deux zones de pâturages?

|정답| **transfuge란 무엇인가?**
① 프로 팀에서 다른 팀으로 선수의 이적(移籍).
② 상반된 이념을 택하며 정당, 국가 등을 바꾸는 것.
③ 헌혈하는 사람.
④ 2개의 목초지 사이에서 가축들을 이동시키는 것.

정답은 ②. 변절자, 전향자. 이 단어는 여성형이 없는데 주의.

Test 13

Un *rondeau* est-il

① Un poème à refrain?

② Un rouleau de bois que l'on passe sur la terre ensemencée?

③ Une forme instrumentale ou vocale caractérisée par l'alternance de couplets différents et d'un même refrain?

④ Une bûche de bois à brûler?

> |정답| **rondeau란?**
> ① 후렴이 있는 시 ② 파종한 땅 위로 지나가는 목재 롤러
> ③ 다른 절들이나 같은 후렴의 바뀜으로 특징지어지는 기악이나 성악의 형태 ④ 불태우는 장작.
>
> 정답은 ①과 ②.
> ③에 해당되는 단어는 rondo

Test 14

Qu'entend-on par *abrogation*?

① L'annulation d'une loi, de mesures?

② Le fait de rendre un texte plus court, en effectuant des coupes?

③ L'action de renoncer solennellement à une opinion, à une religion?

④ Une erreur de jugement?

> |정답| **abrogation은 무슨 뜻인가?**
> ① 법이나 조치의 폐지 ② 텍스트를 잘라서 더욱 짧게 하는 것
> ③ 어떤 의견이나 종교를 진지하게 거부하는 행동 ④ 판단의 실책
>
> 정답은 ①.
> abolition은 관행이나 용법의 중단에 쓰이고 법률에는 해당되지 않는다.

Test 15

Qu'est-ce-qu'un *assesseur*?

① Un appareil servant exclusivement à élever verticalement les personnes?

② Une personne siégeant auprès d'un magistrat, d'un fonctionaire chargé de faire l'exposé d'une affaire devant une commission parlementaire?

③ Un instrument qui ne fait pas partie intégrante d'une machine?

④ Un fonctionnaire chargé de faire l'exposé d'une affaire devant une commission parlementaire?

> |정답| assesseur란 무엇인가?
> ① 사람을 수직으로 세우게 하는 기계
> ② 의회의 위원회에 발표를 맡은 사법관이나 관리 옆에 앉는 사람
> ③ 어떤 기계에 완전히 포함되지 않는 부품
> ④ 의회 위원회에서 발표를 맡는 공무원
>
> **정답은 ②.**
>
> 보좌역, 옆에 앉는 사람 《qui s'assoit à côté》를 의미하는 assessor동사에서 파생.

Test 16

L'adjectif *inique* est-il synonyme de

① Equitable, juste?

② Rare?

③ Catastrophique?

④ Très injuste?

> |정답| inique 형용사는 무엇의 동의어인가?
> ① 공평한, 정당한 ② 희귀한
> ③ 재앙의 ④ 매우 정의롭지 않은
>
> **정답은 ④.**
>
> 라틴어 in (부정접두사) + aequus(정의로운juste)

Test 17

Un *alexandrin* est-il

① Une poème à forme fixe?

② Un vers de douze pieds?

③ Un faux raisonnement qui paraît vrai?

④ Le heurt, désagréble à l'oreille, de deux sons vocaliques?

> |정답| **alexandrin은?**
> ① 고정 형태의 시 ② 12개 각운(脚韻)으로 된 시
> ③ 맞는 것으로 보이는 잘못된 판단 ④ 2개의 소리가 불쾌하게 귀에 닿음
>
> 정답은 ②.
>
> 알렉상드랭이란 말은 12세기의 시 Romans d'Alexandrin에서 유래했다.

Test 18

Qu'est-ce qu'un *poncif*?

① Une formule banale?

② Un dessin piqué de trous?

③ Un dignitaire de l'Eglise

④ Une pierre dont on se sert pour polir?

> |정답| **poncif란?**
> ① 진부한 양식 ② 구멍투성이가 된 그림
> ③ 교회의 고위 인사 ④ 광을 내기 위해 쓰는 돌
>
> 정답은 ①과 ②.
>
> ②의 의미는 '낡았다'는 것.

Test 19

Appelle-t-on aborigène

① Un lémurien vivant dans les forêts?

② Un individu originaire du pays où il vit?

③ Un dérivé du charbon?

④ Une substance dure capable d'user et de polir?

|정답| aborigène은 어떤 상황에서 말하나?
① 숲에 사는 여우원숭이 ② 그가 살고 있는 곳 출신인 사람
③ 석탄 파생물 ④ 마모시키며 광을 내는 단단한 물건.

정답은 ②.
원주민, 동의어로 autochtone, indigène, naturel 등이 있다.

Test 20

Que nomme-t-on *cadastre*?

① L'ensemble des écuyers militaires?

② Une équipe de quatre joueurs, à la pétanque?

③ L'ensemble des documents qui permettent la détermination des propriétés?

④ Un char de parade attelé de quatre chevaux de front?

|정답| cadastre는 무엇을 가리키나?
① 군대의 승마요원들 ② 페탱크(쇠 공으로 표적을 맞추는 놀이) 경기에서 4인 팀
③ 소유를 지정하게 하는 서류들 ④ 말 네 마리를 내세운 퍼레이드 마차

정답은 ③.
②에 해당되는 말은 quadrette, ④는 quadrige

02 시사어휘 2

Test 1

Qu'est-ce que l'*emphase*?

① Un gonflement du tissu celluaire?

② La partie d'une pièce servant d'appui à une autre?

③ La perte de contact avec la réalité?

④ L'exagération dans les paroles ou dans les manières?

|정답| emphase는 무엇인가?
① 벌집 모양의 세포 조직 ② 다른 것을 지탱하는데 쓰이는 부품의 일부
③ 부동산 거래의 실패 ④ 말이나 행동에 있어서의 과장

정답은 ④. ②는 embase

Test 2

Appelle-t-on *gérondif*

① L'ensemble formé par un participe présent et la préposition en?

② Un type de vieillard ridicule des comédies classiques?

③ Une forme verbale, en latin?

④ Une faute de langage?

|정답| gérondif는 무엇을 말하나?
① 전치사 en +현재분사 ② 고전 희극에서 웃기는 노인의 유형
③ 라틴어에서 동사 형태 ④ 말의 실수

정답은 ①과 ③.
라틴어에서 제롱디프는 동사원형에 격을 부여하는 동사의 동사 형태

Test 3

Une *égérie* est-elle

① Une femme déchaînée, un virago?

② Une conseillère secrète?

③ Une subdivision administrative de la Gaule romaine?

④ Une ère de l'islam?

> |정답| **égérie란?**
> ① 속박에서 벗어난, 남자 같은 여자 ② 은밀한 여성 조언자
> ③ 로마시대 골 지방의 행정 구획 ④ 이슬람에서의 한 시대
>
> 정답은 ②.

Test 4

Le mot *grisou* désigne-t-il

① Un maître spirituel, en Inde?

② Un champignon comestible commun?

③ Un gaz inflammable?

④ Un type d'ouvrière jeune et coquette des romans du XIX siècle?

> |정답| **grisou는 무엇을 가리키는가?**
> ① 인도에서 정신적인 스승 ② 공통적으로 먹을 수 있는 버섯
> ③ 불이 쉽게 붙는 가스 ④ 19세기 소설에서 젊고 애교부리는 여성 노동자
>
> 정답은 ③.
>
> Coup de grisou 가스 폭발

Test 5

L'adjectif *intègre* est-il synonyme de

① Entier, complet?

② Assimilé, incorporé?

③ Honnête, incorruptible?

④ Sain et sauf?

> |정답| intègre 형용사의 동의어는?
> ① 전체의, 완전한 ② 동화된, 병합된
> ③ 솔직한, 부패하지 않는 ④ 무사히
>
> **정답은** ③. 청렴한, 정직한, 공정한
>
> Un juge intègre 공정한 판사 Un ministre intègre 청렴한 장관

Test 6

Quel est le sens de l'adjectif *prolixe*?

① Qui se répand, qui se multiple rapidement?

② Qui est concis, bref?

③ Qui fait des dépenses inconsidérées?

④ Qui est trop long, bavard?

> |정답| prolixe 의 의미는 무엇인가?
> ① 빨리 확산되고 배가되는 ② 간결하고 짧은
> ③ 분별없는 소비를 하는 ④ 지나치게 길고 장광설인
>
> **정답은** ④.
>
> Il fournit des explications prolixes. 그는 길고 장황한 설명을 했다.

Test 7

Qu'est-ce-qu'un *hémistiche*?

① Chacune des deux parties d'un vers coupé par la césure?

② Un lieu demi-circulaire, muni de gradins, pour recevoir des députés, des spectateurs, des élèves...?

③ Un vers de dix pieds?

④ Le retour insistant d'une même sonorité à l'intérieur d'un texte, pour créer un effet d'harmonie?

> |정답| hémistiche는 무엇인가?
> ① 중간 휴지(休止) 부분에 의해 절단된 시(詩)의 두 부분
> ② 대표자, 관객, 학생들을 맞이하기 위한 계단식 좌석이 갖춰진 반원형 장소
> ③ 10개의 각운(脚韻)으로 이뤄진 시
> ④ 조화의 효과를 내기위해 텍스트 내부에서 같은 울림을 강조하며 돌아오는 것
>
> 정답은 ①.
> 12음절구의 반구(半句), 시구안의 휴지
> une rime intérieure à l'hémistiche 에미스티슈 안의 운(韻)

Test 8

L'*abnégation* consiste-t-elle dans le fait de

① Renoncer publiquement à une opinion?

② Se sacrifier, renoncer – au bénéfice d'autrui – à ce qui est pour soi essentiel?

③ commettre des erreurs de jugement?

④ Nier l'existence de toute divinité?

> |정답| abnégation은 다음 어떤 일에서 이뤄지나?
> ① 어떤 의견을 공개적으로 부인하다
> ② 다른 사람의 이익을 위해 희생하다, 포기하다
> ③ 판단 착오를 하다
> ④ 모든 신성(神性)을 부정하다
>
> 정답은 ②.
> Malgré sa maladie et par abnégation, il a continué sa tâche quotidienne.
> 자신의 질병에도 불구하고 헌신으로 그는 매일의 과업을 계속했다.

Test 9

Ce qui est *prosaïque* est-il

① Banal, terre à terre?

② Non assujetti aux règles propres à la poésie?

③ Opposé aux croyances religieuses?

④ Artificiel ?

> |정답| prosaïque인 것은 무엇인가?
> ① 평범한, 세속적인 ② 시(詩)에 고유한 규칙을 따르지 않는
> ③ 종교적인 믿음에 반대하는 ④ 인위적인
> 정답은 ①과 ②. 평범한, 비속한, 산문적인
> Une jeune fille aux goûts prosaïques. 세속적인 취향을 가진 아가씨

Test 10

L'adjectif endémique est-il synonyme de

① Permanent?

② Répétitif?

③ Interne?

④ Citadin?

> |정답| endémique 형용사는 무엇의 동의어인가?
> ① 지속적인 ② 반복적인 ③ 내적인 ④ 도시의
> 정답은 ①. 만성적인
> chômage endémique 만성적인 실업상태

Test 11

Un *bateleur* est-il

① Un ouvrier travaillant le cuivre et le lation ?

② Un artiste de foire ?

③ Une personne conduisant une péniche ?

④ Une machine dont on se sert pour égrener les céréales ?

> |정답| bateleur란?
> ① 구리와 놋쇠를 다루는 일꾼 ② 장터의 예술가
> ③ 하천용 수송선을 모는 사람 ④ 곡물의 낱알을 떼어내는 기계
>
> 정답은 ②. 요술쟁이
> bateleur de foire 장터의 재주꾼

Test 12

L'adjectif *grégaire* a-t-il le sens de

① Rural, campagnard ?

② Servile ?

③ Avaricieux, pingre ?

④ Qui provoque le regroupement, qui tend à suivre un même comportement ?

> |정답| grégaire 형용사의 의미는?
> ① 농촌의, 시골의 ② 비굴한
> ③ 인색한, 쩨쩨한 ④ 그룹을 형성하게 하는, 같은 동작을 따라하게 하는
>
> 정답은 ④.
> Des sentiments grégaires 동조하는 감정

Test 13

Qu'appelle-t-on une *stance*?

① Une réprimande?

② Un groupe de vers?

③ En musique, la suspension du son sur plusieurs mesures?

④ Une demande pressante?

> |정답| **stance는 무엇을 가리키는가?**
> ① 질책, 경고　② 시, 운문의 그룹들
> ③ 음악에서 몇몇 조치에 의한 소리의 중단　④ 압력을 가하는 요구
>
> 정답은 ②. 시(詩)의 절
>
> Le mot 〈stance〉s' est resteint au domaine de la poésie religieuse ou élégiaque.
> "스땅스"라는 말은 종교시나 애가(哀歌)에서는 사용이 제한된다.

Test 14

La *gabegie* est-elle

① Un impôt sur certaines denrées de première nécessité?

② Un désordre dû à l'incompétence ou à la malhonnête?

③ Un excès de crédulité?

④ Une forme d'escroquerie?

> |정답| **gabegie란?**
> ① 몇몇 생필품에 부과되는 세금　② 무능함이나 비도덕성에 기인한 혼란
> ③ 과도한 맹신　④ 사기의 한 형태
>
> 정답은 ②.
>
> Le nouveau directeur ne tolérera plus une telle gabegie.
> 새 사장은 그런 난맥상을 좌시하지 않을 것이다.

Test 15

Un *exorcisme* est-il

① Une cérémonie destinée à délivrer du démon une personne ou des lieux?

② Un discours violent, enflammé?

③ Une réclammation, d'une exigence?

④ Un étalage impudique?

> |정답| **exorcisme이란?**
> ① 사탄으로부터 사람이나 장소를 구하기 위한 의식 ② 과격하고 열정적인 연설
> ③ 주장, 요구 ④ 추잡한 진열
>
> **정답은** ①. 귀신 쫓기
>
> Le gouvernement s'efforce d'exorciser le spectre de l'inflation.
> 정부는 인플레이션의 공포를 없애려고 애쓰고 있다.

Test 16

Quel est le sens du mot *diaspora*?

① Tableau panoramique?

② Courbe représentant les variations d'un phénomène?

③ Dispersion d'un peuple, d'un race?

④ Réunion des gouverneurs des provinces assujettes à Rome?

> |정답| **diaspora의 의미는 무엇인가?**
> ① 파노라마를 나타내는 도표 ② 어떤 현상을 나타내는 커브
> ③ 주민이나 인종의 분산 ④ 로마에 복속하는 주(州)의 통치자들 모임
>
> **정답은** ③. 유태민족의 분산, 이산(離散).
>
> La diaspora arménienne. 아르메니아 민족의 분산

Test 17

Qu'est-ce-qu'un *schisme*?

① Une doctrine musulmane?

② Une roche métamorphique feuilletée?

③ Une scission, une séparation intervenant au sein d'une Eglise, d'un parti?

④ Le plan d'un ouvrage littéraire?

> |정답| schisme은 무엇인가?
> ① 무슬림의 교의 ② 층을 이루는 변성작용을 한 바위
> ③ 교회나 정당에서의 분리, 분열 ④ 문학작품의 구도
>
> 정답은 ③. 교회의 분리, 분열
>
> schisme politique 정치적인 분열
> Le Grand schisme d'Occident (1378–1417) contribua à déconsidérer l'Eglise romaine et à préparer la Réforme.
> 서방교회의 대분열은 로마교회를 인정하지 않게 되었고(단순과거) 개혁을 준비하게 했다.

Test 18

Qu'est-ce-que la *duplicité*?

① La faculté d'être présent en plusieurs lieux à la fois?

② L'opération consistant à obtenir des duplicata?

③ La naïveté, la crédulité?

④ La mauvaise foi, l'hypocrisie?

> |정답| duplicité란 무엇인가?
> ① 몇 군데에 동시에 나타나는 능력 ② 사본을 만들기 위한 활동
> ③ 순진함, 우직함 ④ 기만, 허위, 위선
>
> 정답은 ④. 이중성, 이중인격
>
> Toute sa défense n'est que duplicité.
> 그의 모든 변명은 이중적인 행위일 뿐이다.

Test 19

L'adjectif *séculaire* qualifie-t-il

① Un organisme laïque, par opposition à un organisme religieux comparable?

② Ce qui a lieu, ce qui revient tous les cent ans?

③ Ce qui existe depuis un ou plusieurs siècles?

④ La fraction du clergé qui n'appartient pas aux ordres religieux soumis à des règles?

> |정답| séculaire 형용사가 수식하는 것은?
> ① 비교될 수 있는 종교기관에 반대되는 비(非)종교기관 ② 100년에 한번 일어나거나 돌아오는
> ③ 한 세기 또는 몇 세기 전부터 존재하고 있는 ④ 계율에 따르는 종교적 명령에 속하지 않는 성직자의 분파
>
> **정답은 ②와 ③**

Test 20

L'adjectif *potentiel(le)* a-t-il le sens de

① Qui existe virtuellement, en puissance?

② Qui concerne la pendaison?

③ Electrique?

④ Tyrannique, autoritaire?

> |정답| potentiel 형용사의 의미는?
> ① 잠재적인 능력이 있는 ② 교수형에 관계되는
> ③ 전기의 ④ 전제적인, 권위주의적인
>
> **정답은 ①**

03 고급어휘

Test 1

Un *dilemme* est-il

① L'obligation de choisir entre deux possibilités dont chacune présente des inconvénients?

② Une solution de remplacement?

③ Un raisonnement qui contient deux propositions et une conclusion?

④ Le choix entre deux options, entre deux possibilités, dont l'une – mais on ignore laquelle au moment du choix – pourrait se révéler funeste?

> |정답| dilemme이란?
> ① 각각이 모두 불리한 점을 갖고 있는 두 가지 가능성 가운데 한 가지를 반드시 골라야하는 경우
> ② 대체하는 해결책 ③ 두 가지 제안과 한 가지 결론을 갖고 있는 추론(推論)
> ④ 두 가지 선택, 두 가능성 가운데의 선택으로 그 가운데 하나는 불행하게 나타날 것을 고르는 순간에는 모르고 하는 것
> 정답은 ①. Comment sortir de ce dilemme? 이 딜레마에서 어떻게 빠져나오지?

Test 2

Qu'est-ce qu'une anagramme?

① Un message écrit à l'aide d'un système codé?

② Un mot formé au moyen des lettres d'un autre mot?

③ Le développement anormal d'une cellule du corps humain?

④ Un blâme, une condamnation?

|정답| **anagramme**은 무엇인가?
① 코드화된 시스템의 도움으로 쓰인 메시지   ② 다른 단어의 철자들로 만들어진 단어
③ 인간 신체 세포의 비정상적인 발전   ④ 비난, 질책

정답은 ②.

Les écrivains ont usé parfois de l'anagramme pour signer leurs oeuvres : ainsi, François Rabelais changea son nom en celui d'《Alcofribas Nasier》.
작가들은 이따금 자기 작품에 서명 하는 데에 철자 바꾸기를 이용했고 프랑스와 라블레는 자신의 이름을 Alcofribas Nasier라고 바꿔 썼다.

Test 3

Le mot *apogée* désigne-t-il

① Le plus haut degré de gloire, de puissance, etc., qu'on puisse atteindre?

② Le terme, la fin d'un régime, d'un règne, d'une domination?

③ Un écrit ou un discours qui justifie une personne ou une chose?

④ La perpendiculaire menée du centre d'un polygone régulier sur un de ses côtés?

|정답| **apogée**라는 단어가 가리키는 것은?
① 영광, 권력 등에서 도달할 수 있는 최고조   ② 정권, 통치, 지배 등의 끝
③ 사람이나 사물을 정당화 시키는 글이나 담화   ④ 각 면에서 균일한 다각형의 중심으로 이끄는 수직선

정답은 ①.

Il est maintenant à l'apogée des honneurs. 지금은 영광의 절정이다.

Test 4

Qu'est-ce que l'*inanition*?

① Le fait de paraître sans vie?

② La privation partielle ou totale d'aliments?

③ Le caractère d'un bien qui ne peut pas être transféré à un autre propriétaire?

④ L'état de ce qui est inutile, vain?

|정답| **inanition**이란 무엇인가?
① 생명이 없어 보이는 사실 ② 식량이 부분이나 전체가 없는 것
③ 다른 소유자에게 넘어갈 수 없는 성격 ④ 불필요한, 헛된 것의 상태

정답은 ②. 영양실조로 인한 쇠약

Il est tombé d'inanition. 그는 영양실조로 탈진했다.

Test 5

Ce qui est *obsolète* est-il

① Ennuyeux, fastidieux, 《assommant》?

② Erroné, inexact?

③ Incomplet, partiel?

④ Sorti de l'usage ?

|정답| **obsolète**하다는 것은 무엇인가?
① 지겨운, 진절머리 나는, "지루하고 귀찮은" ② 틀린, 부정확한
③ 불완전한, 부분적인 ④ 더 이상 사용되지 않는

정답은 ④.

Test 6

Un *prosélyte* est-il

① Une personne nouvellement convertie à une religion, nouvellenment gagnée à une opinion?

② Un religieux employé aux services domestiques d'un couvent, d'un monastère ?

③ Un maître spirituel, qui a de nombreux disciples?

④ Un agitateur, un meneur?

|정답| prosélyte란?
① 새롭게 어떤 종교로 개종하거나 사상을 취득하게 된 사람
② 수도원이나 승원 내의 일을 하도록 고용된 종교인
③ 많은 문하생을 둔 정신적인 스승 ④ 선동자, 주동자

정답은 ①.

Test 7

Quel est le sens du verbe *s'égailler*?

① Boire outre mesure?
② Se rassembler vivement, promptement?
③ Se distraire, s'amuser?
④ Se disperser, s'éparpiller?

|정답| s'égailler 동사의 의미는 무엇인가?
① 과도하게 마시다 ② 신속하게, 재빨리 모이다
③ 기분을 전환하다, 놀다 ④ 흩어지다, 분산되다

정답은 ④.

Test 8

Que qualifie l'adjectif *spécieux*?

① Un individu défiant, méfiant?
② Ce qui est propre à une personne, à une chose?
③ Ce qui est fallacieux, ce qui n'a qu'une apparence de vérité?
④ Ce qui est très vaste, immense?

|정답| spécieux라는 형용사는 무엇을 나타내나?
① 의심하는, 경계하는 사람 ② 어떤 사람이나 사물에 적절한
③ 허위이나 겉모습은 진실을 나타내는 ④ 매우 넓고, 광활한

정답은 ③.

Test 9

L'*onction* est-elle

① La qualité de ce qui a la consistance des corps gras, et qui donne une impression de velouté, de moelleux?

② L'action de frotter avec une substance grasse?

③ Un geste rituel, spécialement dans la liturgie catholique?

④ Un bain purificateur?

> |정답| **onction이란?**
> ① 피부를 기름지게 유지하는 자질로 부드럽고 감미로운 느낌을 준다
> ② 기름진 물질로 마찰하는 행동   ③ 의례적인 몸짓으로 특히 가톨릭 제의에서   ④ 정화(淨化)시키는 목욕
> **정답은 ① ② 그리고 ③.**

Test 10

Qu'est-ce qu'un *panthéon*?

① L'ensemble des dieux et des personnages mythologiques d'un peuple, d'un pays ou d'une religion?

② Un édifice où sont déposés les restes des hommes illustres d'un pays?

③ Un temple que les Grecs et les Romains consacraient à tous leurs dieux?

④ L'ensemble des grands hommes considérés – à l'échelon d'une nation ou à celui de la planète – comme formant un grand corps?

> |정답| **panthéon이란 무엇인가?**
> ① 어떤 민족, 국가, 종교에 있어서 신(神)이나 신화적인 인물들의 총체
> ② 한 국가의 저명한 인물들의 유해가 안치된 건물
> ③ 그리스인과 로마인들의 그들의 모든 신에게 봉헌하던 신전
> ④ 국가 또는 전 지구적 차원에서 하나의 큰 집단으로 고려되는 위인들 전체
> **이 문제는 ①②③④ 모두 정답이 될 수 있다.**

Test 11

La *flagornerie* est-elle

① Une forme de vantardise?

② Une espèce d'escroquerie?

③ Une flatterie grossière?

④ L'attitude d'un pique-assiette?

|정답| **flagornerie란?**
① 허풍, 호언장담의 한 형태 ② 사기의 일종 ③ 지독한 아첨 ④ 식객의 태도.

정답은 ③.

Test 12

Qu'est-ce qu'un *belvédère*?

① Une tour de guet d'où l'on donnait l'alarme?

② Une lanterne destinée à l'éclairage des voies publiques?

③ Une terrasse, un terre-plein?

④ Un édifice, un pavillon situé sur un lieu élevé, sur une terrasse, et d'où l'on a une belle vue sur un vaste panorama?

|정답| **belvédère란 무엇인가?**
① 경보를 알리는 감시탑
② 공공도로를 밝히는 것을 목적으로 하는 전조등
③ 테라스, 흙으로 쌓아올린 대지
④ 높은 곳이나 테라스위에 설치되어 아름다운 경치나 넓은 파노라마를 볼 수 있는 건물이나 정자.

정답은 ④. 전망대

Test 13

Une *coterie* est-elle

① Un tirage au sort donnant droit à des lots?

② Un tableau officieux donnant les cours de certaines denrées, de certaines marchandises?

③ Un groupe de personnes qui s'associent afin de défendre des intérêts communs, un clan?

④ Un engouement fugitive pour quelqu'un ou quelque chose?

> |정답| **coterie란?**
> ① 상금에 권한을 부여하는 제비뽑기
> ② 어떤 소비재나 물자들의 흐름을 나타내는 비공식적인 도표
> ③ 공동의 이익을 지키기 위해 동맹을 맺은 사람들의 그룹, 패거리
> ④ 누구 또는 무언가에 대한 일시적인 열정.
>
> **정답은 ③.** 도당(徒黨)

Test 14

L'adjectif *séculier* qualifie-t-il

① Ce qui existe depuis un ou plusieurs siècles?

② Tout religieux qui vit dans un cloître, un monastère?

③ Ce qui est noble, aristocratique?

④ Un religieux qui ne vit pas en communauté?

> |정답| **séculier 형용사가 뜻하는 것은?**
> ① 1 내지 몇 세기 전부터 존재하는 것.
> ② 수도원이나 수녀원 경내에 사는 각각의 종교인
> ③ 고귀하고, 귀족적인 것
> ④ 공동체 안에 살지 않는 종교인.
>
> **정답은 ④.** 속세에 사는, 세속적인

Test 15

L'adjectif *fallacieux(cieuse)* est-il synonyme de

① Cocasse, drôle?

② Sérieux, austère?

③ Chicanier, procédurier?

④ Hypocrite, trompeur?

|정답| **fallacieux 형용사의 동의어는?**
① 우스꽝스러운, 익살스런 ② 진지한, 엄격한 ③ 트집을 잡는, 소송하기 좋아하는 ④ 위선적인, 속이는
정답은 ④.

Memo